期货大赛冠军资金翻倍技法

白云龙 著

地震出版社
Seismological Press

图书在版编目（CIP）数据

期货大赛冠军资金翻倍技法 / 白云龙著. —北京：地震出版社，2019.9

ISBN 978-7-5028-5066-1

Ⅰ. ①期…　Ⅱ. ①白…　Ⅲ. ①期货交易－基本知识　Ⅳ. ①F830.93

中国版本图书馆 CIP 数据核字(2019)第 060772 号

地震版 XM4390

期货大赛冠军资金翻倍技法

白云龙　著

责任编辑：吴桂洪　王凡娥

责任校对：凌　樱

出版发行：地 震 出 版 社

北京市海淀区民族大学南路 9 号　　邮编：100081

发行部：68423031　68467993　　传真：88421706

门市部：68467991　　传真：68467991

总编室：68462709　68423029　　传真：68455221

证券图书事业部:68426052　68470332

http://seismologicalpress.com

E-mail:zqbj68426052@163.com

经销：全国各地新华书店

印刷：北京兴星伟业印刷有限公司

版(印)次：2019 年 9 月第一版　2019 年 9 月第一次印刷

开本：787×1092　1/16

字数：184 千字

印张：13.25

书号：ISBN 978-7-5028-5066-1/F(5784)

定价：39.80 元

序

期货交易是一门易学难精、易进难出的行业，看似遍地是黄金，其实里面隐藏着无数个未知的陷阱。进入这个行业容易，但是想全身而退确实是件非常难的事。

有的读者看到这里心里忐忑，有的心生疑惑，难道期货交易真的就这么难吗？笔者在这里可以告诉大家，确实要比你想象的难得多。笔者在期货私募机构摸爬滚打了19年，自己和团队成员参加过多次期货实盘大赛，冠军、季军等大大小小的奖项也获得过不少。见过形形色色的期货投资者，当然这里所说的投资者泛指期货散户，期货散户的交易寿命平均9个月，如果你交易超过9个月，那么恭喜你，你比一般期货投资者要强。但是，超过9个月就代表你可以在这个市场上生存吗？最终两年内将有95%的期货投资者被淘汰出局。这不是危言耸听，这是期货市场真实的现象。为什么大多数期货投资者最终都被淘汰出局呢？很多投资者觉得每天都在交易，其实是在期货市场里赌博，这是所有期货交易者亏钱的根源。

人一旦进了赌场，就会发现每一局都想参与，无论胜负如何，也就是说，赌博是你在不确定胜率大小与盈亏比的情况下进行的交易，除非你会千术，否则全靠运气，所以赌博的结果是久赌必输！期货投机与之不同，它并不要求每天的行情我们都要参与，而是在市场出现机会时，即胜率较高、盈亏比大的时候，我们选择进行交易。这里就需要我们有高出常人的期货实战技术以及执行力。

期货市场中亏钱的绝大多数都是期货散户，他们在期货市场里做的是赌博，而不是精明的投机，所以被市场淘汰是迟早的事情。有时候今天运气不错，一开始就赌赢了很多钱，可是赌瘾让他们无法立即收手，而是吸引他们继续一把又一把地赌下去，结果赚的钱都亏回去了，甚至还折了本金。赌博的弊端在于，每一局开始之前你的胜率不可知，盈亏比同样不可知。赌博有时候让人比较无奈的是，输多少不是由自己决定，而是由对手决定。

但是，并不是所有的期货投资者都会被淘汰，任何行业都有佼佼者，任何行业都有精英，最后我们发现绝大多数能够在期货市场上生存，能够以期货为生的，都是在学习各种技术分析，把赌博思维转变为投机思维的。期货市场也有很多有学习意识的投资者，但是学到最后还是不能在这个市场上生存，这是为什么呢？

从笔者多年为私募机构培训职业操盘手和散户的经验来看，有学习意识但还不能成功的主要原因有以下两点：

(1) 一个“急”字是大多数期货投资者的通病。很多期货投资者知道如果不想被期货市场所淘汰，一定要学习期货技术，但是又不能静下心来脚踏实地地去学，总想短期内就获得稳定获利的法宝，总想在短时间内扭亏为盈，而改变自己的交易现状，却最终应了那句俗语：“财不进急门”。想法不错，最终却适得其反，反而加大了亏损。

(2) 学习不够连贯。其实任何行业都遵循着一万小时定律，但是如果这一万小时的学习时间让你用一辈子去完成的话就没有意义了，期货技术需要在短时间内不断地学习积累才能形成交易习惯。笔者遇见过很多投资者，包括股票投资者，很多人说自己股票交易了多少年，期货交易了多少年，其实交易多少年并不代表你真正的有技术，一定要连贯的系统的学习才能达到稳定获利的目的。

笔者认识太多的期货实盘大赛冠军以及以期货为生的投资者，很多人只看到了这些人成功的一面，却忽略了他们为了能够在这个市场上生存，没日没夜研究期货技术的付出。其实做到以期货交易为生并不难，难的是真正用心地去学一次，假如你每天花在期货学习及交易上的时间都在 8 小时以上，一年 365 天天天如此，我相信一年后你的交易状况会有很大的改观。

笔者 2018 年出版的《期货日内短线复利密码》深受广大期货投资者的喜爱，今年通过多年私募职业操盘以及参加多届实盘大赛总结了一些新的期货实战交易技巧，在这本书中将和大家分享，希望能为广大期货投资者交易带来一些帮助与启迪。为回馈各位读者，凡购买本书的读者可以加助手的 QQ 或者微信号，免费索取更多的期货实战技术学习以及私募内部买卖点提示软件。

微信公众号：广州智航；微信号：zhihang0001；qq：1620555064，助理小莫。

目　录

第一章

世界期货以及中国期货发展历史

第一节　世界期货发展历史

期货交易是商品交易发展的产物，整个商品交易的历史可以以19世纪为界线划分，19世纪以前，经历了由产品交换发展到商品交易的漫长历程。远古时代特别是奴隶制社会中，还没有实行货币制度时，随着各个部落生产的产品自给有余、需求有缺，开始出现了产品的交换。这种产品交换是原始的，并非现时的易货贸易形式。

到了封建社会，产生了真正的货币制度，以适应产品变成商品概念的需要。这时才实行了商品交易，即商品—货币—商品的初级现货交易的形式，一手交钱，一手交货。

大约13世纪，上述现货商品交易获得了广泛发展，许多国家都形成了中心交易场所、大交易市场以及无数的定期集贸市场，如罗马帝国的罗马大厦广场、雅典的大交易市场以及我国当时各地的大小集贸市场，它们都是按照既定的时间和场地范围进行大量的现货交易活动。在现货商品交易普遍推行的基础上，产生了专门从事商品转手买卖的贸易商人，因而也出现了大宗现货批发交易。由于那时交易的商品主要为农产品，而农产品的生产具有季节性，因而逐渐产生了根据商品样品的品质签订远期供货合同的交易方式。这种贸易商人和商品生产者签订的远期供货合同，由初级形式到远期合约(forwardcon-tracts)经过了漫长的发展时间，主要是合同的条款、计价方式与价格以及合同的信用等方面，经过了不断地演变和完善，一直到19世纪中叶才开始形成较完善的远期合约交易。

1825年起，美国中西部的交通运输条件发生了惊人的变化，货物运价大大减少，如过去马车的吨英里运价为 25 美分，而铁路运价只要 4 美分，水运为 2 美分，于是西部农业区农民生产的粮食大量运往芝加哥，以便卖个好价钱。但往往由于供过于求，事与愿违，因而产生了预先签订买卖合约，到期运来交实货的想法和交易方式。随着农业技术的发展，农产品产量大大增多，贸易量大增，仓储技术和仓库有了巨大的发展，芝加哥的粮食储运商能够储存大量粮食，因而促进了农产品的远期合约交易。

1848 年，由 82 位商人发起组建了美国第一家中心交易所，即芝加哥交易所(Chicago Board of Trade，CBOT)，在交易所内进行规范化的远期合约交易，由交易所承担买卖双方的信用担保和中介，远期合约的条款内容包括：商品的品质(规格、等级)、产地 / 生产厂家、交易数量、价格或计价方式、交收实货日期和地点、付款方式、买者与卖者等条款。此外，交易所也制定了有关维护远期合同交易的规定、制度。类似的交易所，1570 年英国伦敦就开设了第一个皇家交易所，1730 年日本大阪也创办了“米相场”，荷兰、比利时也开设了农产品交易所。19 世纪中叶这类交易所开展的远期合约交易，目的还是到期交收商品实货，属于现货交易，尚未演变发展为期货合约交易，只是为以后的期货合约交易创造了条件。自 1851 年 3 月 13 日签订第一份玉米远期合约交易(数量为 3000 蒲式耳，交货期为当年 6 月，价格为每蒲式耳低于 3 月 13 日当地玉米市价 1 美分)以来，经过数十年的发展，现货交易的基础逐渐稳固和扩展，对远期合约中的有关条款实行规范标准化，大约在 20 世纪末与 21 世纪初，出现了现代标准化期货合约的交易，这种期货交易不再是以到期交收实货为目的的性质，而是标准化期货合约本身的买卖以及合约到期前的不断被转让，因此交易的目的是联系商品所有权的价格风险的转嫁。这时，除了联系实货的交易者以外，又有一种不联系实货的投机者参与期货交易。至此，期货交易的性质发生了质的变化。

1972年，在上述商品期货交易有成效的发展的启迪下，美国芝加哥商品交易所(Chicago Mercantile Exchange，CME)实行了第一笔金融期货交易——外汇期货合约的交易，开辟了国际货币市场分部(International Monetary Market，IMM)，进行英镑、加拿大元、德国马克、意大利里拉、日元、瑞士法郎和墨西哥比索等币种同美元的汇率期货合约的交易。后来其他期货交易所也接着开展了金融期货交易，先后不断推出抵押证券期货、国库券期货、股票指数期货等金融工具期货合约的交易。一般商品的期货交易经历了一二百年的发展才达到今天的规模，而金融期货交易只经过短短的十几年便一举成型。据统计，1986年金融期货交易量占总的期货交易量的70%以上。

第二节　中国期货发展历史

中国期货交易是从100多年前，中国紧闭的大门被鸦片战争中英国的船炮闯开后，中国从此逐渐沦为一个半殖民地半封建的国家而开始的。中国的民族工业在外国侵略的空隙中缓慢地发展，为求生存，中国许多有志之士和知名企业家积极学习实践资本主义经营模式和管理经验，其中包括开展期货交易。清朝末年，主张“维新变法”的梁启超曾倡议组织交易所，称作“股份悬迁公司”。

北洋政府工商部长张春也曾主张“国非富不强，富非实业不能”的实业救国论，并于1913年组织讨论在通商口岸建立交易所。

1914年，梁启超在中国建立了上海机器面粉公会。公会虽然不是期货交易所，但已与现在的期货交易所非常相似。

1914年，在张睿推动下，北洋政府颁布了《证券交易所法》，翌年4

月，又颁布了《证券交易所法细则》。

1916年，孙中山先生得知外国人要在上海滩建立交易所，他即与上海总商会会长虞洽卿商量，准备建立上海交易所股份有限公司，并上报农商部审批，以消除外国人垄断上海市场的欲望。

1917年2月，农商部批准建立证券交易所，随后虞洽卿与另一些人又积极筹办了上海证券交易所和上海证券金银交易所。

就在上海紧锣密鼓筹办交易所之际，1918年夏，北京证券交易所成立了。

1920年7月1日，虞洽卿等人正式开办了上海证券物品交易所，开始了中国商品的期货交易。1921年3月，北洋政府颁布了《物品交易条例》；4月又颁布了《物品交易所条例实施细则》。

1920年7月1日，开张营业的上海证券物品交易所半年就赚了50万元。

1921年初开业的上海面粉交易所，因其盈利而股票价格不断上涨。

由于片面理解和利益驱动，一时间形成了办交易所的热潮。从1921年5月起上海新开办交易所“忽如一夜春风来，千树万树梨花开”，迄止1921年底仅半年时间，就有140多家交易所以新的面孔出现在上海滩。

上海办交易所热浪席卷全国，天津、北京、广州、汉口、南京纷纷筹备。上海不仅各大行业有交易所，而且烟、酒、火柴、麻袋、泥灰等小行业也都办起了交易所。五花八门的交易所建立之快之多，连商业经济发达的国家也被惊得目瞪口呆。芝加哥才两三家交易所，美国也才几十家交易所，英美自叹不如。然而，许多摇旗呐喊的交易所还没来得及放开喉咙大声喊价竞价，就因其周转不灵经营不得要领，陷入困境而被迫停止营业。

到1922年3月仅剩12家交易所能撑起门面营业，最后又有半数夭折，被称为“民十信交风潮”(注：民十指民国十年，即1921年)。经过

“民十信交风潮”加上战乱频繁，大多数国民对公债和股票都失去了信任，因此在1921年后的七八年时间里，中国的交易所发展极为缓慢，直到1929年10月国民政府正式颁布了《交易法则》，1930年1月又颁布了《交易所法施行细则》，交易所的发展和管理才有了比较统一的依据。这时期没有真正的期货交易，但后来实行了一种延期交割的方式，称为“便交”，这实际上是一种变相的期货交易。抗日战争胜利后时局相对稳定，旧中国各地的证券交易所和期货交易逐渐步入正轨。

1946年9月，上海证券交易所股份有限公司成立，共有证券和物品两个市场，经纪人230人。天津证券市场的原华北证券交易所也恢复营业，上市股票达23种。刚开始由于股市疲软业务冷清，经纪人申请退出者不断增多，故而人们举办了延期交割业务，又称“递交”，实为变相的期货交易。结果极大地刺激了证券交易的活跃，吸引了大量的社会游资。据统计许多居民都参加了证券和期货交易，整个上海滩证券市场吸引游资1500万～2000万元，从而导致交易所的短暂繁荣。上海解放后，为了打击投机商人的投机倒把行为，人民政府于1949年6月10日查封了上海证券大楼，1952年7月天津证券交易所也宣布停止。至此，交易所在中国大陆宣告完全进入停止阶段。

1990年以后，随着中国市场经济的发展和进一步改革开放，在众多工商人士和知名学者的倡导下，中国的期货市场又重新浮出水面，并稳步走向世界。期货交易市场以其特有的功能在公平、公正、公开的原则下，对市场远期的价格进行指导和发现，并为企业的经营提供避险和套期保值，从而成为国内市场经济中不可或缺的部分。

1990年10月12日，中国郑州粮食批发市场经国务院批准，以现货交易为基础，引入期货交易机制，作为我国第一个商品期货市场开业，迈出了中国期货市场发展的第一步。

我国期货市场发展历史是一条从无到有、从小到大、从无序到有序、从萧条到繁荣的发展之路，它既是全面发展市场经济的重要标志，更是改革开放的重要成果。

1990 年 10 月，郑州粮食批发市场成立，以现货为主，由于没有明确的行政主管部门，期货市场的配套法律法规严重滞后，期货市场出现了盲目发展的势头，国内各类交易所大量涌现，达 50 多家，期货经纪机构达到 1000 多家，大多为兼营机构。一些单位和个人对期货市场缺乏基本了解，盲目参与境内外的期货交易，损失严重，造成了国家外汇的流失，境外地下交易层出不穷，期货市场虚假繁荣引发了一些经济纠纷和社会问题。

1993 年 11 月，国务院下达《关于制止期货市场盲目发展的通知》，开始规范整顿。第一阶段：交易所从 50 余家减为 15 家，经纪公司从上千家减为 330 家。第二阶段：交易所从 14 家（1996 年关 1 家）减为 3 家：上海期货交易所、大连商品交易所、郑州商品交易所，经纪公司从 330 家减为目前的 180 余家，交易品种保留 12 个。1999 年，国务院陆续颁布实施了《期货交易管理暂行条例》以及与之相配套的规范期货交易所、期货经纪公司及其高管人员的四个管理办法，使中国期货市场正式纳入法制轨道。

2001 年，朱镕基总理在九届人大会议上明确提出，要重点培育和发展要素市场，稳步发展期货市场，正式拉开了期货市场规范发展的序幕。2004 年 2 月 1 日，国务院颁布《国务院关于推进资本市场改革开放和稳定发展的若干意见》，提出我国要“稳步发展期货市场”，“在严格控制风险的前提下，逐步推出为大宗商品生产者和消费者提供发现价格和套期保值功能的商品期货品种”。2004 年，期货市场扩容工作取得突破性进展，棉花、燃料油、玉米、黄大豆 2 号等品种先后上市交易。2006 年初，期货品种又增加了豆油、白糖两大品种，使期货品种达到 14 个。

2006 年 2 月，经国务院批准，上海金融衍生品期货交易所获准筹建。2006 年 4 月，沪深 300 指数被定为首个股指期货标的。2007 年 3

月 16 日，国务院以国务院第 489 号令的形式公布了《期货交易管理条例》，自 2007 年 4 月 15 日起施行。新条例最突出的特点是将规范的内容由商品期货扩展到金融期货和期权交易，为中国推出外汇期货和外汇期权以及股指期货和股指期权等金融衍生品奠定了法律基础。

由于在极大程度上放宽了期货市场参与主体的限制，2008 年 1 月，黄金期货在上海期货交易所成功上市，进一步完善了黄金市场体系和价格形成机制，形成了现货市场、远期市场与期货市场互相促进、共同发展的局面；有利于金融机构和黄金生产消费企业利用黄金期货管理风险，有利于促进期货市场扩大服务领域，更好地发挥期货市场功能。股指期货推出的准备和工作业已基本就绪，市场都在企盼股指期货的正式推出。股指期货不仅为市场提供了一个工具，同时也成为投资的另一种途径。随着国家关于发展期货市场的政策调整以及期货市场法制建设与监管体系的建立与完善，期货市场全面繁荣发展的阶段已经到来。

2017 年更有太多的期货大事件发生，在这一年，上市了商品期权，也上市了新的期货品种，《证券期货投资者适当性管理办法》也正式上线，原油期货也出现在我们的视线里。

下面为您盘点 2017 年期货市场的大事件。

1. 二月——股指终迎二次“松绑”

2015 年股灾期间，为了抑制期货市场的过度投机，中金所采取了“提高手续费”“提高保证金”“每日限仓”等一系列措施，旨在促进股指期货市场健康平稳地发展。与此同时，社会各界对股指松绑的呼声也没有停止过，市场中存在着较强的避险需求。

经过一年半时间的消化和缓冲，市场对股指松绑的预期愈发强烈，为了提振市场信心，在 2017 年 2 月和 2017 年 9 月，中金所两次下调平今手续费、保证金，对交易开仓数量进行松绑式调整。经过两次适时调整，适度提高了市场流动性，解决了期指交易成本过高、对手盘难找、转仓困难等问题，满足了合理的交易需求，进而促进了股指期货市场功能的恢复和良好发挥。

2. 三月——商品期权上市

期权作为期货补充的衍生品，目前在欧美衍生品市场占据半壁江山，而在2017年3月31日豆粕期权上市和4月19日的白糖期权上市，也正式标志着商品期权正式进入我国场内期货市场。对期货市场来说，商品期权可以降低风险管理成本，提高资金运作效率；可以转移风险，同时增加期货市场的资金流入；可以将价格波动率剥离开来单独交易，减少市场波动性，提高期货价格的稳定性。就经济效益来说，商品期权对期货市场的最大贡献是降低了期货市场的价格波动性。

而在我国期权的上市也为“保险+期货”机制提供了必要的金融工具。至此，我国的期货市场体系得以延伸和健全，我国的期货市场也更加成熟稳健。

目前，除了已经上市运行的豆粕期权与白糖期权外，上期所的铜期权也已经正式立项，相信在不久的未来，金属市场上的期权也将上市，我国的期货市场也将越来越繁荣。

3. 六月——原油期货可开户

2017年年初以来，国际油价呈整体震荡走势，6月下旬不断逼近40美元关口，随后出现反弹。国际油价起起落落，而在国内的我们却像是隔了一条江，只能隔岸观火，无法参与其中。在经过了几年筹备之后，自2017年6月13日起，上海国际能源交易中心正式受理客户申请交易编码，这意味着原油期货的投资者开户工作正式启动。

我们可以开户了，那么当然也意味着原油期货正式上市越来越近。不久的未来中国原油期货的正式推出，不仅丰富我们的商品期货市场，更多的在于：在国内，我们将推动国内成品油市场的价格改革，而在国

际石油市场的定价上，我们也将发挥我们的影响力，从另一个方面推动人民币的国际化。在笔者发稿前原油期货已于 2018 年 3 月 26 日正式上市。

12 月 9 日、10 日，上海国际能源交易中心组织生产系统演练，为正式推出人民币原油期货交易做准备。随着原油期货的上市，中国的期货市场也将开始走向世界舞台，在世界资本市场上发挥越来越大的作用。

4. 七月——《证券期货投资者适当性管理办法》正式上线

2016 年 12 月 12 日，证监会下达《证券期货投资者适当性管理办法》，这就注定在 2017 年的证券期货市场上有一件大事要发生。适当性的上线，到底意味着什么呢？一方面，同成熟市场相比，我国证券期货市场成立时间只有二十多年，无论从投资者的心态还是从投资理念来看，都相对不够成熟；另一方面，对经营机构来说，因为没有一个相对规范的环境，在设计金融产品时，并未充分考虑不同投资者的差别性，从而造成行业损失。

投资者适当性的上线，从根本上对上述两个方面进行了规范，促进了资本市场的有效竞争和改进服务。同时，《证券期货投资者适当性管理办法》的制度设计又保持了一定的灵活度，没有堵死经营机构的创新空间，对行业创新权利给予了足够的尊重。总之，《证券期货投资者适当性管理办法》的出台意义重大，必将对中国资本市场产生长远而深刻的影响。

5. 八月——棉纱期货上市

8 月 18 日，棉纱期货正式在郑州商品交易所挂牌交易。棉纺织业是我国国民经济传统支柱产业和重要民生产业，而目前国内棉市面临的现状为市场出现高速增长，企业竞争加剧，价格战激烈，且人工劳动成本不断攀升，令企业盈利空间不断受到挤压。长期以来，我国棉纱市场缺乏一个权威的价格，因此国内企业生产经营往往带有盲目性，尤其是在近些年市场价格波动异常激烈的情况下，相关企业在生产经营中面临着较大的风险。

而期货市场具有发现价格的功能，所以当市场有了一个较为权威的远期价格后，利于有关企业合理科学地安排生产计划，在现货市场中规避生产经营风险，由此整个行业也将面临新的发展机遇。棉纱期货的上市将对完善我国棉纱价格体系，贯穿上下游产业链，健康传导价格信息，起到重要的桥梁作用，在“保险 + 期货”方面，服务国家，服务市场。

6. 九月——沪镍行情强势上涨

2017 年 6 月中旬，沪镍在经过了半年的大幅回调后出现强劲上涨，由于基本面国际矿山处于亏损状态，A 股上市公司吉恩镍业也已经亏损退市。在此支撑下出现了为期 5 个月 3 万点的趋势性上涨行情。与以往不同的是，此次沪镍大有取代沪铜有色龙头位置的迹象。而且伦敦镍也成了沪镍影子市场，随着中国国际地位的提升以及中国期货市场的发展，国际市场话语权和定价权也在向中国期货市场倾斜。

7. 十月——党的十九大召开

新时期经济金融工作发展方向更明确，党的十九大报告提出“着力加快建设实体经济、科技创新、现代金融、人力资源协同发展的产业体系”，把现代金融归为产业体系中的一部分，实际上强调金融是整个国民经济的一部分，与实体经济紧密联系、互相支撑。

“深化金融体制改革，增强金融服务实体经济能力，提高直接融资比重，促进多层次资本市场健康发展”。对于资本市场而言，就是要在打好防范化解金融风险攻坚战的同时补短板，加强资金运用的风险管理，这就要求期货市场进一步发挥避风港作用，为实体经济运行提供综合性的风险管理服务。

“保险 + 期货”、市场供给侧结构性改革、防范化解金融风险、服务实体经济、新品种新业务研发等也成为期货市场向前发展的关键词。

8. 十一月——资管新规上线

2017 年 11 月 17 日，人民银行会同银监会、证监会、保监会、外汇局起草了《关于规范金融机构资产管理业务的指导意见(征求意见稿)》，此次出台的监管政策完全打破了市场之间的限制，打破了机构之间的界限，防止了不同市场之间的套利和风险蔓延。因此，这次监管规定之详细，规定之复杂也是史无前例的，横跨了银行、证券、基金、保险、信托、期货市场各个领域，监管的光芒照耀了每一个角落。

总体而言，资管新规的上线吹响了一个全新时代的号角。过去 10 年最具活力、不断创新、野蛮生长的资管行业，终将回归本源：行业中最终可以得到认可的核心能力，最终还是要回归到管理人主动资产管理能力和渠道方的资金募集能力，而不再是搭结构和绕监管能力。2018

年将是“资管新元年”，并将开启未来10～20年资管行业全新格局。

9. 十二月——苹果期货上市

2017年12月22日，苹果期货合约在郑州商品交易所挂牌上市。目前，我国商品期货交易品种覆盖了农产品、有色金属、建材、化工及能源等领域，但是境内外都尚未上市鲜果类期货品种。我国是世界上最大的苹果消费国，也是苹果贸易大国，苹果产业是我国农业经济的重要组成部分。从市场基础来看，目前苹果已经具备了开展期货交易的基本条件。

在农业部认定的122个苹果重点县市中，有33个是国家级贫困县，涉及数千万果农，苹果种植是果农创收的主要来源。苹果期货的上市进一步提高期货市场服务“三农”的能力，发挥期货市场的专业优势，助力国家扶贫攻坚战略的实施。这不仅是郑州商品交易所践行期货市场服务实体经济的重要举措，也符合党的十九大深化供给侧结构性改革和扶贫攻坚的战略要求。而苹果期货上市，也开创我国乃至全球首个鲜果类期货合约交易，有利于增强我国苹果国际话语权，进而形成全球范围的苹果定价中心。

第二章

期货实盘大赛冠军八大操盘准则

第一节　永不逆势操作

期货交易一定要顺势交易吗？答案是相对的！很多时候，你会发现从长期去看，比如周线的走势，这个品种是多头排队。那么说，顺势就应该做多，这样你就一定挣钱吗？答案是不确定的！你控制不好仓位，随时可能打到你的强平线。

期货交易中，我们会去看不同的周期，10 分钟、30 分钟、一天、一周。在不同的周期，这个“势”，多半是不一样的，趋势交易能挣钱，波段交易能挣钱，高频交易也能挣钱。关键是你要把握住进场的时间点，你才能捕捉到这个“势”，其实无论你用什么周期交易，最好的判断趋势的工具就是均线，比如你做日内，那么你可以用 5 分钟周期进出场，用 1 小时和日线周期作为判断当天趋势的周期。

在焦炭 1809 合约 2018 年 5 月 11 日一小时走势中（见图 2-1），价格处在 5 日均线、10 日均线、30 日均线上方，并且三根均线方向都是开口向上的，我们可以判断焦炭 1809 合约中期趋势为上涨行情，我们可以通过 5 日均线、10 日均线、30 日均线来简单地判断趋势的方向。

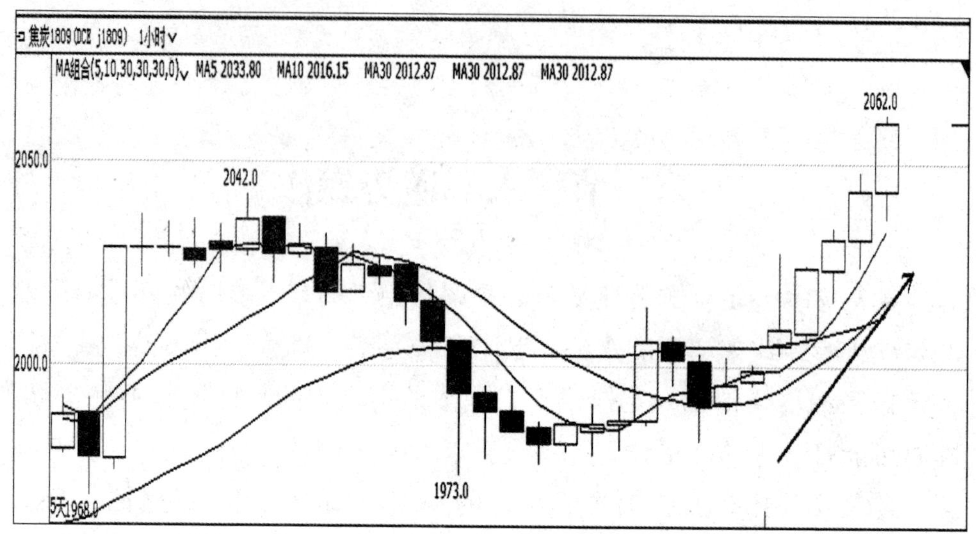

图 2-1　焦炭 1809 合约 2018 年 5 月 11 日一小时 K 线走势图

那么我们在把周期切换到日线上，在焦炭 1809 合约 2018 年 5 月 11 日日 K 线走势中（见图 2-2），价格同样处在 5 日均线、10 日均线、30 日均线上方，并且三根均线方向都是开口向上的，我们可以判断焦炭 1809 合约长期趋势也为上涨行情，这时我们再把周期切换到 5 分钟周期中。

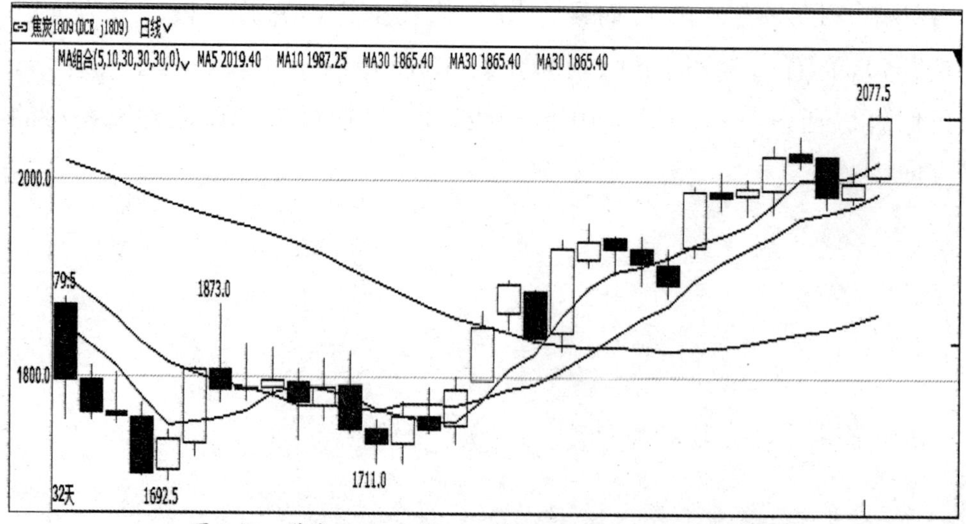

图 2-2　焦炭 1809 合约 2018 年 5 月 11 日日 K 线走势图

在焦炭 1809 合约 2018 年 5 月 11 日 5 分钟 K 线走势中（见图 2-3），价格同样处在 5 日均线、10 日均线、30 日均线上方，并且三根均线方向都是开口向上的，在这种短中长期趋势都是上涨行情，今天如果你打算根据 5 分钟行情来进场焦炭 1809 合约，那么只能逢低做多，没有做空的理由，做空被套可能会让你就此被淘汰，做多被套由于趋势对了，解套也很容易，因为行情地反转，无论顶部或者底部都不会无征兆地反转，或多或少一定会有一个筑底或者筑顶的过程，这时会有人说那 V 型反转呢？V 型反转可能会有，但不会经常出现。在期货交易中，很多期货交易者尤其是期货新人，总是盲目地判断顶底，做期货不要太注意价格，要多关注趋势，期货也好，现货也好，股票也好，其实没有所谓的顶底之说。行情走出来了你看到了底，大熊行情你盲目地判断底部然后抄底，你会死得很惨，因为深不见底。大牛行情你盲目地判断顶部然后摸顶，你同样会死得很惨。在你能读懂行情的条件下，重势不重价的操作才是正确的交易思路，就是顺势交易！

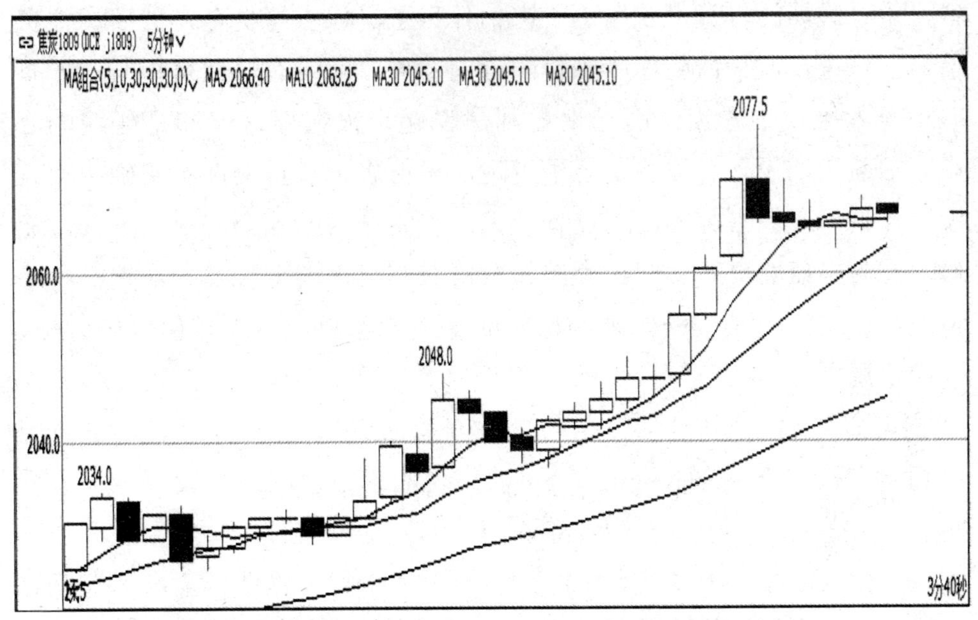

图 2-3　焦炭 1809 合约 2018 年 5 月 11 日 5 分钟 K 线走势图

第二节 相信自己的技术

现在太多的投资者期货不成功一个主要原因就是对自己的技术不自信，即使经过了无数次历史行情的验证，证明某种交易方式确实可行，但是却经常因为几次的连续亏损而对其产生质疑。

做期货交易一定要相信自己研究可行的技术，有自信就会到达成功的彼岸，怀疑自己的技术，几次亏损就否定自己之前的所有研究成果，然后再去花很大的精力去研究自我感觉更可行的交易系统，然后再质疑、再研究，周而复始，最终当你的资金全部被消灭后，你再努力地研究都将是徒劳无功。

对行情有正确的判断又能坚持自己的观点很难，原因是怕犯错误，心里胆怯，缺乏必胜的信念。如果你交易之初就预计自己准备输多少钱，做好最坏的打算，就用不着害怕什么了。保护好资金，然后勇往直前，一旦进场，行情朝你所预料的方向发展，就没有什么可担心的。有些投资者不仅怕亏损，而且怕盈利，说起来很奇怪，但却是普遍的心态。怕盈利的投资者往往是急不可耐，患得患失，目的性不明确，而且没有计划，就像去赴宴，刚进餐厅大门，便赶紧抓几个烧饼吞下去，然后，看着丰盛的宴席发愣。类似的事情在期货市场天天发生，担心和恐惧用错了地方，其中的原因归根结底是不相信自己，不相信分析方法，不相信概率。

既然大量的事实证明，某种分析方法有 70%以上的可靠性，那就应该相信这种技术，为了防止 30%可能出现的差错，应该先设好止损。有时候，投资者一开始既相信又怀疑，等到完全相信时，好戏已经演了一大段，行情已经差不多接近尾声，投资者终于耐不住性子杀进去，正好接最后一棒。如果接连犯这样的错误，心态会越来越糟糕，越来越怀疑自己的技术，丧失自信。所以，老是怕飞机出事，就不要坐飞机，总在害怕出错，最好就不要做期货，以这种心态做期货真的是太累了。

无论是私募职业操盘手，还是以期货交易为生的期货投资者，很多人可能以为他们是期货界的成功者，肯定比正常的期货散户所知道的技术要多，其实不然，我们公司操盘团队职业盘手很多都能稳定获利，而且长期在这个市场生存，但是他们的交易方法可能就那么一两招，当然这一两招是经过长期实盘交易确认可行的。一定要相信自己的技术，只要出现符合条件就进场，而不是第一次亏了，第二次亏了，第三次再出现同样的信号就不敢进了，散户大多数失败的原因不过如此。这里提醒广大的期货投资者想做好期货交易，首先要相信自己的技术。

第三节　敢于盈利加仓

加仓是交易中一个常见的操作手段，很多交易者作出加仓的决定无外乎两个原因：被套了、持续盈利了，这时可能有人会问，亏损也加仓，盈利也加仓，那到底应该什么时候加仓呢？

我们先说说盈利加仓。据我所知，很多期货实盘大赛冠军、季军等操盘手，包括我也曾经几次在期货实盘大赛获奖。想在期货实盘大赛获得好的名次，盈利加仓已经不是什么秘密了，前提是你要有过硬的技术，而不是盲目地加仓，在盈利单子上加仓甚至浮盈加仓才能让资金快速地翻倍，让盈利在短时间内暴涨。普通期货投资者平时交易不建议这么激进，刚刚进入期货市场的投资者或者是技术还不稳定的投资者还是建议按部就班地练好技术。

下面以做多为例简单说说盈利加仓的方法。

1. 橄榄型加仓法

认为价格即将上涨，先以少量资金买进，一旦盈利不是平仓，而是以数倍于第一次的交易资金大量买入。如果价格持续上涨，就有可能将剩余资金全部投入进去，加码资金两端轻中间重。

2. 金字塔加仓法

先在某价格买入固定手数，当价格上涨到一定幅度后，以比上一次仓位更少的资金买入，后面如果价格继续上涨，再以比上一次更小的仓位买入，以此类推，加仓资金逐级减小。

3. 倒金字塔加仓法

第一次以较小仓位试探买入，如果行情上涨，投资者感觉良好，则下一次买入比第一次更多的仓位，以此类推，加仓资金逐级增大。

4. 等分等比加仓法

交易之前平均将资金分成数等份，当行情按照预期逐级上涨，则每次按等量资金逐级加仓。

5. 追杀法

追杀法的基本原则是：如果你亏钱了，你需要将资金加倍，加仓后假如盈利了，你则需要将资金还原到原始资金。这将使你最终获得利润。这种加仓方法适合在大的上涨和下跌行情中，但是风险也大，不建议散户新人操作。

6. 反马丁格尔法

以一单位比例开始，在每一次盈利后将仓位加倍，但在每一次亏损后就回到减少一单位比例仓位。这个策略的好处在于风险较低，所增加的仓位资金都是来自浮盈，可以使账户资金保持安全。

7. 赢钱加仓法

把进场资金分成几个单位，在每一次到达止损后，减少一单位仓位，在每一次盈利后增加一单位仓位渐进加仓。

对于散户，以上七种加仓法我只推荐金字塔加仓法。所谓“金字塔加仓法”，举一个简单的例子，就是在第一次投入 5 万元购买某品种，第二次投入 4 万元买同一个品种，第三次投入 3 万元再买一个品种，每次投入数额都比上一次少。由于此法多半用于“追涨”，所以每次加仓的价位都比上一次高，购买的数量也比上一次少，画出来就像一个底部大顶尖小的金字塔。

在图 2-4 所示的金字塔加仓法示意中，加仓的次数是依据趋势行情的运行状态而定，而不是人为定加两次或三次。趋势运行的状态，可以用波浪判断，一浪突破建仓，二浪调整企稳或突破一浪高点加仓，三浪中的小级别五浪顺趋势方向的位置也可以加，大级别第五浪还可以加(原则上是不加，而是开始减仓跑路)，一般笔者在一次交易中最多加两次仓，也即是在三浪、五浪加仓，一般行情走完五浪很少加仓，基本80%的行情走完五浪很难再走出几波大的行情，当然也会有极端的大牛或者大熊行情出现，这种行情不是经常出现的。

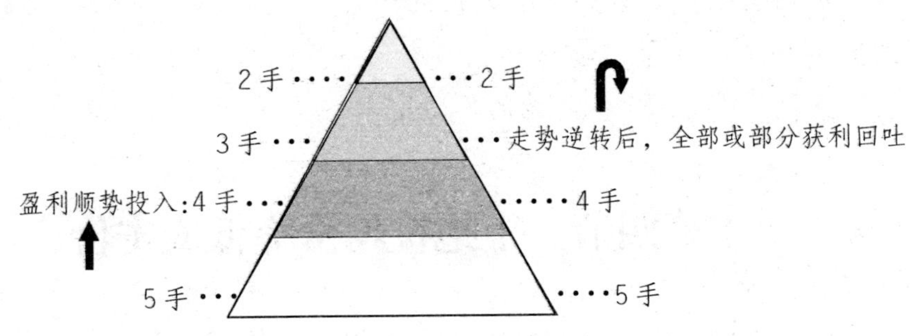

图 2-4 金字塔加仓法示意图

在焦炭1809合约2018年5月11日30分钟走势中（见图2-5），价格突破前期高点后回撤进场，比如此时你进场5手，经过了一浪上涨，二浪调整后只要价格重新站到三根均线上加仓3手，三浪上涨后经过四浪回调，价格再次回到三根均线上再加仓2手。我做单一般都采用五三二加仓的比较多。五浪走完基本不会再做加仓动作。

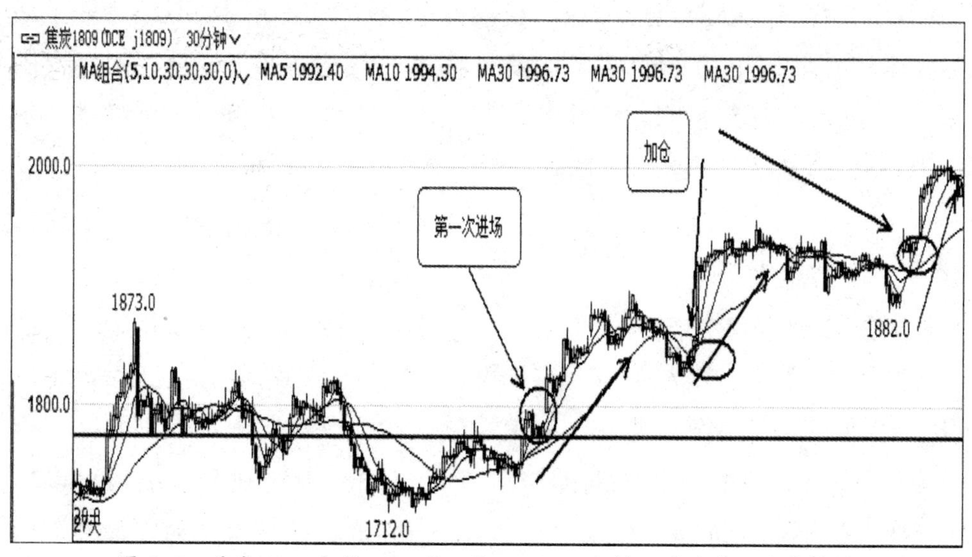

图2-5 焦炭1809合约2018年5月11日30分钟K线波浪理论走势图

加仓是个非常复杂的问题，因为这实际上是你整个交易计划部署的一个重要部分，由于每一笔交易计划上都有区别，判断上也有区别，实际上加仓是没有一成不变的定式的。

第四节 拒绝拉均价降低成本价

很多期货或者股票投资者可能有过这样的经历，亏损了然后补仓拉均价降低成本价，行情反转单子解套了欣喜若狂。这时的投资者自认为补仓拉均价降低成本价的方法是解套的好办法。如果再出现单子被套的情况，还会再通过补仓拉均价降低成本价的方法来解套，如果行情不给力最终会有一笔这样的操作让你彻底绝望。一定要放弃亏损加仓拉均价的做法，这是一条不归路。本章第三节讲到的盈利加仓的第五种方法追杀法就类似于亏损拉均价，所以不建议大家用追杀法加仓。

无论日内交易，还是波段趋势交易，亏损后补仓拉均价降低成本价的方法都是错误的。笔者以前也过用过亏损后补仓拉均价降低成本价的方法来解套，也成功过，但是经过了几年的交易，经过了数不清的爆仓后，总结了一下每次爆仓的原因，几次重大亏损都是用这种亏损后补仓拉均价降低成本价的方法产生的。我们很多投资者总是有侥幸的心理，侥幸的一次成功会让人认为它的可行性，大家都知道“守株待兔”的故事吧，其实和这个是一个道理。期货交易千万不要把偶发事件当成常态化，任何进场、加仓、止损、出场都要有合理的技术支持。

其实现在很多投资者无法面对亏损，很怕亏损，养成不能亏损一单的坏习惯，不甘心止损，遇到单边行情特别是快速暴拉暴跌的行情，很快就看到损失，头脑麻木了，傻眼了，不止损反而拼命地补仓拉均价，当没钱补仓的时候只能坐等期货公司催加保证金的电话了，经常是一夜回到解放前，很受伤。

如果有过这种经历的投资者希望现在痛定思痛，一定要变，意识到止损是交易的重中之重，主动微止损是做期货的一个高境界，能主动止损后得到的盈利才是真正的盈利。

亏损加仓拉均价降低成本价的行为，其实是潜意识中想取得 100%胜率，虽然大家心中都清楚地明白不可能有 100%胜算。亏损加仓拉均价降低成本价的行为是符合人性的，而人性中的“贪疑痴嗔慢”就导致这种行为会重复发生，而符合了人性的行为在期货市场中必然是错误的。

在期货市场中，交易实质就是对人性的考验，期货交易是对期货交易者的“贪疑痴嗔慢”，期货交易者一旦被自己的“贪疑痴嗔慢”所左右，就变成了市场的点心与韭菜。

止损是期货交易必须支付的成本，是寻求获利机会的成本，与必须付出的手续费同等重要。止损是交易获利必须付出的代价，这种代价只有大小之分，没有对错之分。期货也是一项生意，都是需要成本的，期货的成本 = 点差 + 手续费 + 止损损失。

成本要缩小就要小止损，小止损的话，必须主动止损，主动止损必须是小止损，处于不利地位的单子果断手起刀落砍掉，哪怕后面是反向涨停或跌停都与你的这笔不利单子无关。

如果你一开始输了，扛到最后依然是输。要记住第一时间的损失是最小损失，成本最小，千万不要推迟你作决断的时机。主动微止损是期货的核心，在损失还很微小的时候就第一时间将不利单子砍掉。

下面解释一下期货中的“贪疑痴嗔慢”。

贪：在操作中总想自己的收益能超预期。因为贪婪而去追高，忘记了进场时的基本准则，让市场来选择，顺势而为。每次进场交易的时候总是幻想机会从天而降，这次能吃到一个大蛋糕，而不是理性地根据基本面和技术面分析行情等待机会。

疑：对自己的技术怀疑，对进场的信号怀疑。明明上涨趋势确认了，但是还在那怀疑是假突破，自作聪明不敢及时进场，导致失去获利机会。当行情已经彻底走坏了，甚至行情已经反转了，还在那怀疑行情反转的真实性，还在犹豫，不止损出局，最后导致亏损扩大。

痴：痴迷自己的一切随心所欲的操作。不潜心研究技术，不多花时间去学习，不脚踏实地地通过努力来增强自己的操盘能力，有的时候甚至在什么都看不懂的情况下盲目进场。根据自己的感觉去随意买卖，说得好听点是在交易，说得不好听点就是在赌。眼中只有上涨和下跌，经常一厢情愿地认为价格会往自己所设想的方向发展。

嗔：在操作失误时心态不好，总是怨天尤人，捶胸顿足后悔连连，抱怨一切客观的原因，而不是保持正常的心态，按照自己的交易系统和策略来应对。

慢：对交易中错误的方法反应慢，自我感觉良好，不能及时承认错误，并修正自己的交易系统，从而保证以后不犯同样的错误。

第五节　进场前预估风险

期货市场是一个博弈的市场，不确定性是其最大的特点。市场中没有百分之百确定的事，也没有永远有效并保持盈利的系统。一切都是概率，进场前评估哪些东西？那就是胜率和盈亏。期货交易中有两个值我们一定要留意，一个是胜率，一个是盈亏比。这是每次进场风险评估的风向标，这两个值不理想肯定是亏多盈少。关于胜率，相信投资者都希望自己的每一次交易都可以盈利，但是现实告诉我们任何好的交易系统或者交易方法都不可能做到百分之百的成功率，期货交易技术只有相对的，没有绝对的。

我们只能通过长期的学习和实盘交易积累经验来提高我们每次进场的胜率，而不能单纯地认为每次进场盈亏各占 5%，然后听天由命地来交易。正常来讲，期货投资者每次进场的胜算能做到大于 50%就可以了。当然如果进场条件占尽天时、地利、人和，胜率可能会更高。我们希望广大的期货投资者能用心地学习期货技术，通过可行的实战技术，使我们每次进场的胜率能够达到 50%以上。

期货本质是资金运转博弈的战场，于是围绕资金操作诞生了很多对期货市场的判断。通过某个规律寻找到市场运转的规律！然而不管你怎么判断，怎么去寻求规律，前提是要找到一条适合的路，量身为自己制定交易策略和打造交易系统，才能提高胜率，把握好交易的机会并从中盈利。

交易者要从最基本的东西开始学习，找准自己的优势，在长时间的交易时间里不断放大，最终实现稳定盈利。减少交易的次数，赌博和期货从某种意义上是相通的。假如你去过赌场，观察那些老手，你会发现他们不是经常出手的。老手们都明白一个道理：玩的次数越多，亏损的概率越大。交易正是这样，减少不符合逻辑的交易，只有当经过验证完全符合你的交易策略的机会出现时才出手。

职业操盘手或者以期货为生的投资者能赚到钱是因为他们的平均获利远远大于他们的平均损失。有一个期货新手多年前研究过我的实盘账单，他有一个困惑：为什么某个阶段胜算那么低，收益却那么高？在期货交易中，胜率固然是非常重要的一环，如果你能有超高的胜率，那么你赚钱的概率自然就高。但是我们必须清醒地认识到市场是复杂多变的，没有一个技术系统能保证永远适用。就算有较高胜率，也不代表你一定赚钱。有了高胜率，没有盈亏比，没有资金管理，一样会失败，而且可能失败得更惨。

连续不断的“小赚大赔”或“大赚再大赔”，这些才是失败的本质，千万记住亏损是获利的一部分，发生亏损是很正常的。争取做到“每次赔得少，每次赚得多”才是最重要的。每次进场都要抱着用小资金试错的心态，多少个点损失掉马上跑。做不好盈亏比，再高的胜率都是枉然。

胜率和盈亏比的搭配是否合理决定了你的交易结果。在高胜率的支持下，盈亏比相对较低也可以保持盈利，而胜率相对较低的话，就必须通过大盈亏比进行弥补。

第六节 盈利单跟踪止损

盈利单跟踪止损不仅能让已有的盈利继续扩大，同时还能保护已有的浮动盈利。一旦有盈利，就尽可能地把它放进口袋。要时刻保持“落袋为安”的交易心理。

彻底理解跟踪止损对于趋势跟随者来说是极其关键的，这是因为典型的趋势追随交易的成功概率都是比较低的，这使得在不常出现，但规模很大的长期趋势中抓住尽可能多的盈利变得极其重要。典型的趋势跟随者大部分盈利都来自于抓住不常出现的长期趋势，同时能设法在更频繁出现的横盘市中有效降低损失。

投资者要有跟踪止损策略，如果入场时机合适，而且市场继续向着我们交易的方向前进，跟踪止损是一个完美的止损策略，它能帮助我们抓住一个趋势的绝大部分的利润空间。真正做到“斩断止损，让利润奔跑”。

有效的盈利单跟踪止损策略能帮我们最大限度地抓住盈利交易，通过使用跟踪止盈，我们能明显提高平均盈利和平均亏损的比率。

第七节 严格控制最大回撤率

期货交易中有人追求高胜率，有人追求高盈率。有的投资者会说：期货交易只有做到高胜率还有高盈率，才可能在期货市场赚到钱。但是大家还忽略了一个重要的值，就是最大回撤率。

当你能稳定盈利一段时间后你另外的一个追求就是最大回撤率。所谓最大回撤率，就是一段时内连续最大的亏损的金额，比如说你初始资金是10万元，交易一个月之后变成11万元，再交易两个月之后变成8万元，再交易三个月又回到10万元，于是你的最大回撤率就是(11-8)÷11=27%。

任何职业投资者都不可能回避“回撤”这个问题，再伟大的投资高手都不可能在收益率曲线上躲避回撤。譬如王亚伟在公募基金的时候最大回撤高达45%，而私募一哥徐翔也一度最高回撤30%，但他们最后产品净值都创了新高。可以看出，市场上最牛的高手都逃不出回撤，更不要说普通投资者了。

大部分的期货投资者刚刚进入期货市场，满脑子想着翻倍，想着一年赚多少钱，但他们却疏忽了一个最重要的问题：控制最大回撤率巴菲特也一直强调：第一，保住本金；第二，还是保住本金；第三，记住前两条。

在这方面，笔者知道很多机构期货操盘手做得很好，包括我们公司旗下的很多操盘手，他们在回撤控制上有着严格的风控系统。最大回撤是一个重要的风险指标。

第八节　交易不顺时，懂得休息

当交易连续亏损、交易节奏紊乱时，期货投资者应及时停下来调整心态，是非常必要的，不然会越来越乱。就像跳交谊舞，一旦舞步踏乱了，总踩舞伴的脚，就只能就地停下来等踏准舞曲节拍后再和舞伴起跳。

当出现大亏后，很多期货交易者希望赶紧翻本，最后越亏越惨甚至血本无归。就像输急了眼的赌徒一样，将最后所有的筹码都押上。其实这时候最需要的是离开市场，经过一个疗伤过程，并总结造成亏损的原因，等休养生息恢复自信后，再返回市场也不迟。

当交易状态异常时及时休整，相信每个人都有自己的“运气周期”，当某一段时间诸事不顺，感觉不好，伸手就被咬时，表明自己处于“霉运期”，如果勉强做单交易，很可能接连失利，当连续做单都不顺时，请适时休息一下，先离场让自己放松。

如果连续亏损三天，就反映出这段时间你不适合做交易。既然说期货是合法的赌博，就证明无论技术好坏，或多或少都有一定的运气成分在里面。连续亏损三天说明这几天的运气不太好，以笔者为例，一般一个星期笔者星期一、二、三亏损了，那么星期四、五可能就不做，出去散散心，下个星期调整好心态继续做，反正期货公司不倒闭，我们天天有机会赚钱。而如果你星期四来，心态不好再出大行情，你没抓到会更郁闷。一旦做反了就完蛋了，如果造成重大的亏损，需要很长时间才能恢复，还不如放掉它，出去兜一圈散散心，回来继续奋斗，不要在乎一时的成败。很多人就是想不通这一点，所以就无止地亏损下去，就想一把扳回来，而一把扳回来的能有几个，一百个中有一个已经很不错了，往往大多数的结局就是扩大亏损甚至爆仓出局。

第三章

成功与失败的行情都具备哪些特征

第一节　成功的行情具备的特征

第一个特征：K 线走势中高低点的变化

我们做期货交易首先要知道，什么样的行情才是真正走出来的完美行情，完美行情具备哪些特征，这样我们做期货交易的时候脑海里就要有一个完美图形的轮廓，当行情开始走坏，从完美转向不完美，我们就要警惕了，要及时地发现并且提前停止交易，获利出局。

首先，一波完美的上涨或者下跌行情中，价格突破或者跌破前期的高低点，一般回调或者反弹是不会回到前期的高低点范围内。

如图 3-1 所示，棉花 1901 合约日 K 线一波非常流畅的下跌行情，从这波下跌行情中我们不难发现，当价格跌破前期低点之后的反弹，价格基本不会反弹到前期低点之上，一般都会反弹到前期低点附近受到阻挡再次下跌，但是大家一定要记住一个特点：上涨行情喜欢突破前期高点后回调到前期高点附近做一个支撑再次上涨，而下跌行情跌破前期低点后的反弹，经常反弹不到前期低点附近就会开始下跌。这就是笔者做了 19 年私募操盘手，最喜欢做空头行情的原因，每次参加期货实盘大赛能让资金快速翻倍就是因为经常做空单而不是多单。

多头行情上涨比较反复，需要的时间非常多，而空头行情经常是行云流水式的下跌，而且同样的上涨或者下跌空间，上涨行情所需的时间经常是下跌行情所需的时间的数倍，这也是笔者喜欢做空头行情的主要原因之一。

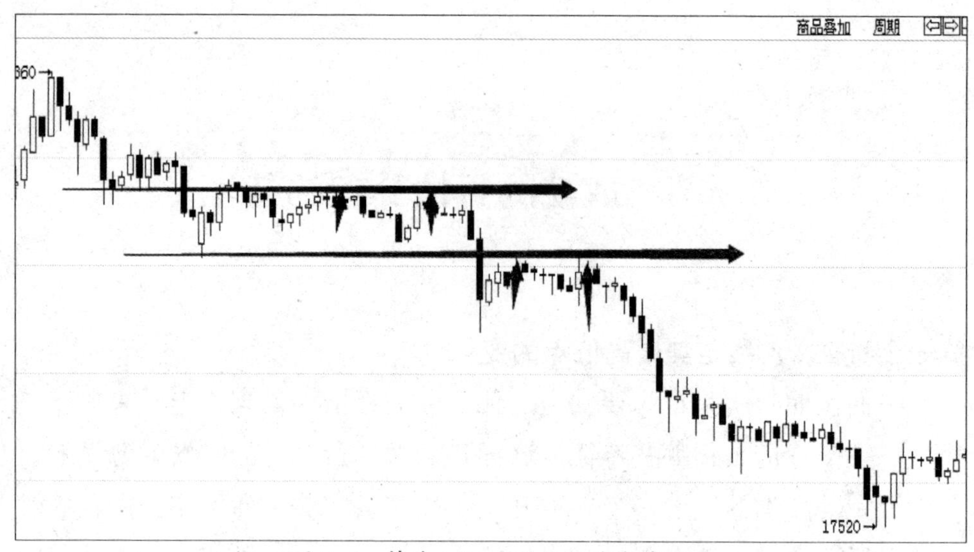

图 3-1　棉花 1901 合约日 K 线走势图

从图 3-2 所示的菜油 1901 合约日 K 线一波下跌行情的走势中我们不难发现，当价格跌破顶部的小平台低点后，也就是上面水平线位置开始下跌，下跌过程中价格出现了反弹，但是这波反弹还没上涨到前期的低点，距离前低点还有一段距离，大圆圈处就开始了新一轮下跌行情，价格再次创新点后又出现了反弹，还是反弹离前低点有段距离的时候下面水平线位置开始再次的下跌行情。这种完美的下跌行情在实际行情中经常出现，广大期货投资者千万不要认为上涨行情和下跌行情的思路一样，做上涨行情我们可以等行情回调到前期高点受到支撑进场做多，因为上涨行情经常是这样，但是下跌行情经常很难反弹到前期低点附近受到阻挡再次下跌，如果你还等价格反弹到前期低点受到阻挡进场做空，那么就会错过很多好的下跌行情。所以大家一定要记住，期货交易上涨行情和下跌行情走势是有很大的区别的。

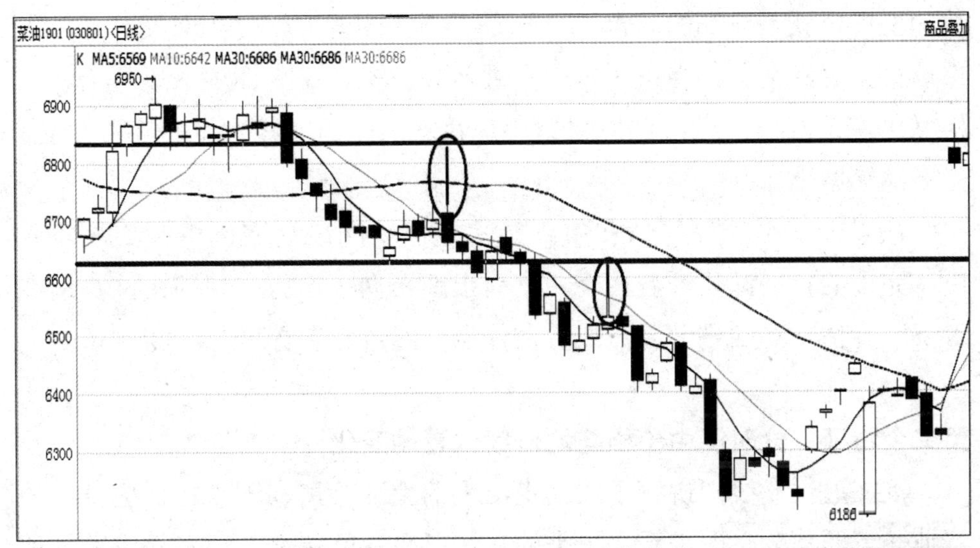

图 3-2 菜油 1901 合约日 K 线走势图

在图 3-3 所示的甲醇 1901 合约 K 日线走势中，价格突破前期的高点也就是下面那条水平线后，出现了回调，如果这次上涨行情是真实的，那么一般价格回调都不会回调到前期的高点之下，大部分行情都喜欢找一个支撑位然后行情再次拉升，图中这次上涨行情走势中价格回调

图 3-3 甲醇 1901 合约 K 日线走势图

找的支撑位就是前期的高点，也就是大圆圈的位置，受到前期高点的支撑后价格继续上涨，当价格再次突破新高，也就是上面的水平线后，价格又出现了回调，这次价格回调还是找新高作为支撑也就是小圆圈处，然后继续向上拉升。

从以上三个上涨行情和下跌行情走出来的成功案例中我们不难看出，完美的行情都是沿着一个角度向上或者向下运行。任何上涨行情或者下跌行情一旦回到前高点或者前低点，就意味着行情有可能走坏。

第二个特证：分时图中价格与均价线位置的变化

上文通过 K 线图讲解了成功走出来的上涨行情和下跌行情应具备的特征，下面从分时图来看走出来的行情所具备的特征，很多投资者做期货或者其他交易每天只盯着 K 线图，其实每天留意分时图上数据的变化也是必不可少的一项工作。

分时图里面只有四个值，如图 3-4 所示，主图两条线分别是价格线，通常用黑色或者深蓝色体现，均价线通常用黄色体现。它们由每分钟结束时的成交价相连组成。

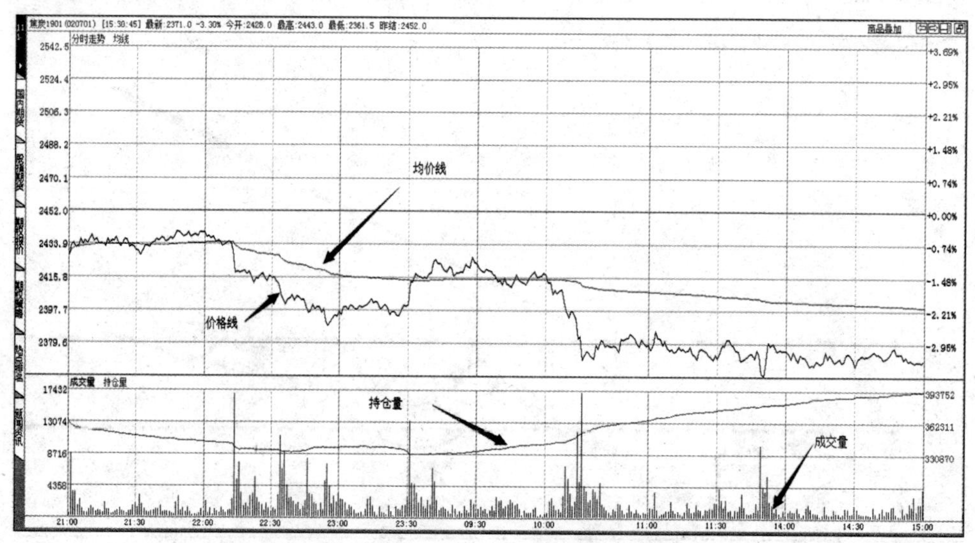

图 3-4 焦炭 1901 合约 2018 年 10 月 29 日分时图

价格线表示期价每分钟的变化趋势，黄色线代表均价线，均价线具有指引方向的作用。如果期价在均价线之上运行，属于多头行情，走势相对较强，投资者应以做多为主。如果期价在均价线下方运行，属于空头行情，走势相对较弱，投资者应以做空为主。

分时图可以说是交易者盯盘寻找买卖信号的关键之一，盘面中的细节都会在分时图中演绎，尤其喜欢日内短线交易的交易者，分时图实际上给交易者提供了执行的依据。毕竟从时间维度上讲，分时图是分钟级别的演绎，更适合日内短线交易。也可以说，分时图也属于量价关系中的一种，其在每一天的演变中同样有着量与价之间各种关系的演绎。笔者将在今后的著作中，针对分时图的一些技巧以及操作方法作一些整理，以方便广大交易者学习并且在实战中运用。

既然分时图的主图就价格线和均价线两条，那么走出来成功的行情就更好判断了，无论上涨还是下跌行情，价格线和均价线都以一个角度，或向上或向下平行地运行。下面来看一下分时图中成功的上涨行情案例。

从图 3-5 所示的国债 1812 合约 2018 年 10 月 29 日分时中我们不难发现，当天价格线在均价线上方，价格线与均价线都是向上以一个角度基本保持平行态势运行。价格线基本不会跌到均价线下方。上涨行情还要配合着量能的，没有量能配合上涨的动能值得怀疑。

我们再来看一个走出来的下跌行情分时图，在图 3-6 所示的 PP1901 合约 2018 年 10 月 29 日分时中，当天价格线在均价线下方运行，价格线与均价线都是向下以一个角度基本保持平行态势运行，价格线基本不会涨到均价线上方。

在看分时图分析行情时，很重要的一点就是看价格线和均价线的位置关系，健康完美的走势分时线和均价线运行状态是，分时线运行在均价线上或者均价线下，并保持一定的比例关系，当分时线上涨或者下跌时均价线应该跟上，如果价格上涨或者下跌过快，离均价线太远，就会

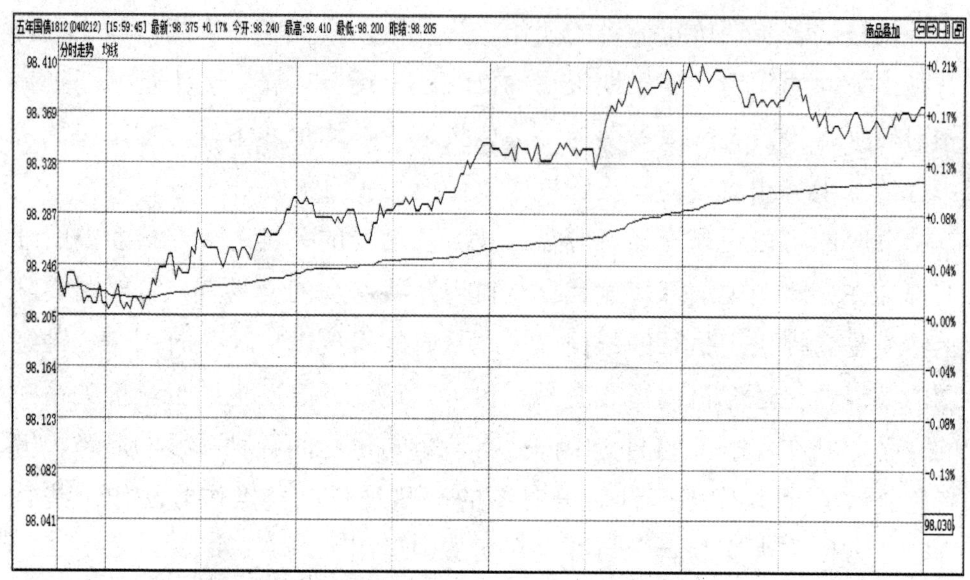

图 3-5 五年国债 1812 合约 2018 年 10 月 29 日分时图

有向均价线靠拢的需求。

分时图多数时候显示不出最高价和最低价，因为是一分钟的收盘价连的线，是一个最简单的指标图形，同时也是随机性最快的指标之一。

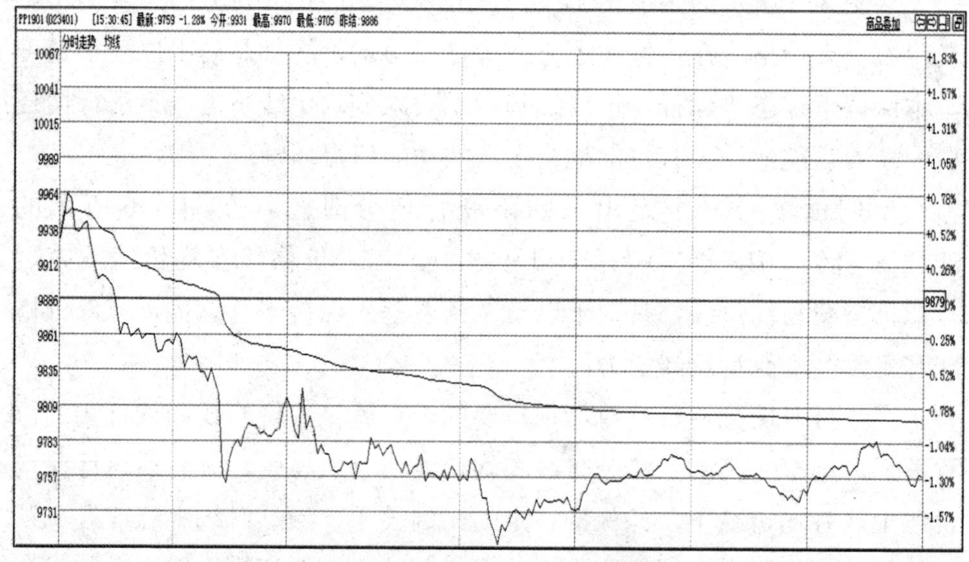

图 3-6 PP1901 合约 2018 年 10 月 29 日分时图

分时图交易时就以均价线作为多空分水岭即可，价格线在均价线上方做多为主，在均价价下方做空为主，然后先看一个高点和一个低点，突破高点做多，跌破低点做空即可，这是最简单的分时图做单方法，但是要记住做多一定要有量能的配合。

第三个特征：价格与成交量的变化

上文讲到做多一定要有量能的配合，下面就和大家聊一下成功的上涨行情应具备的量能形态。

从图 3-7 所示的十年国债 1812 合约 2018 年 10 月 29 日分时中可以看出，随着价格的上涨，下面的持仓量也不断地增加，这种持仓量的不断增加才能支撑价格的持续上涨，反之如果价格上涨，但是持仓量在减少，那么肯定无法支撑价格的持续上涨，行情就有可能上涨乏力，接下来行情下跌的可能性很大。

从图 3-8 所示的沪铝 1812 合约 2018 年 10 月 29 日分时中可以看出，开始上涨的形态非常理想，价格上涨下面的持仓也随之增加，但是

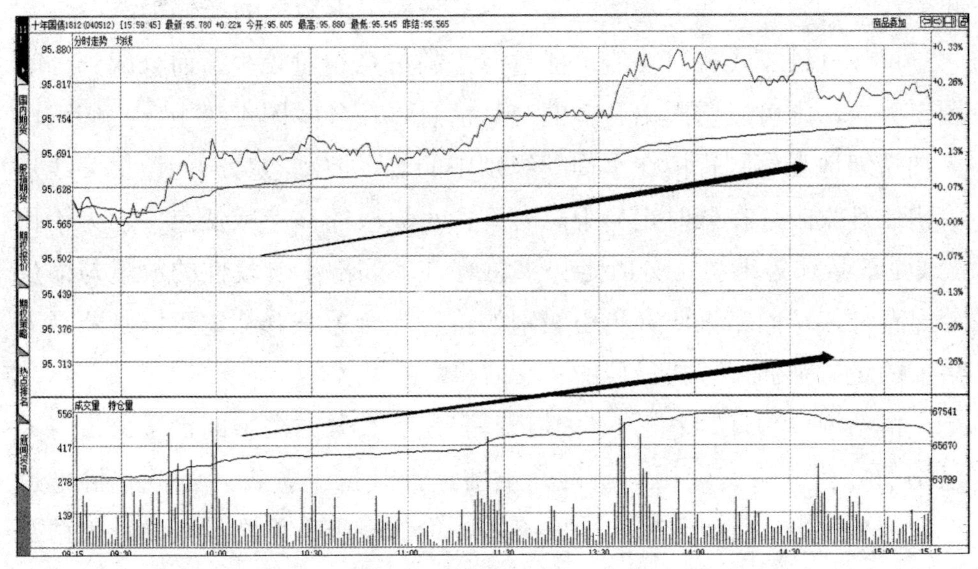

图 3-7　十年国债 1812 合约 2018 年 10 月 29 日分时图

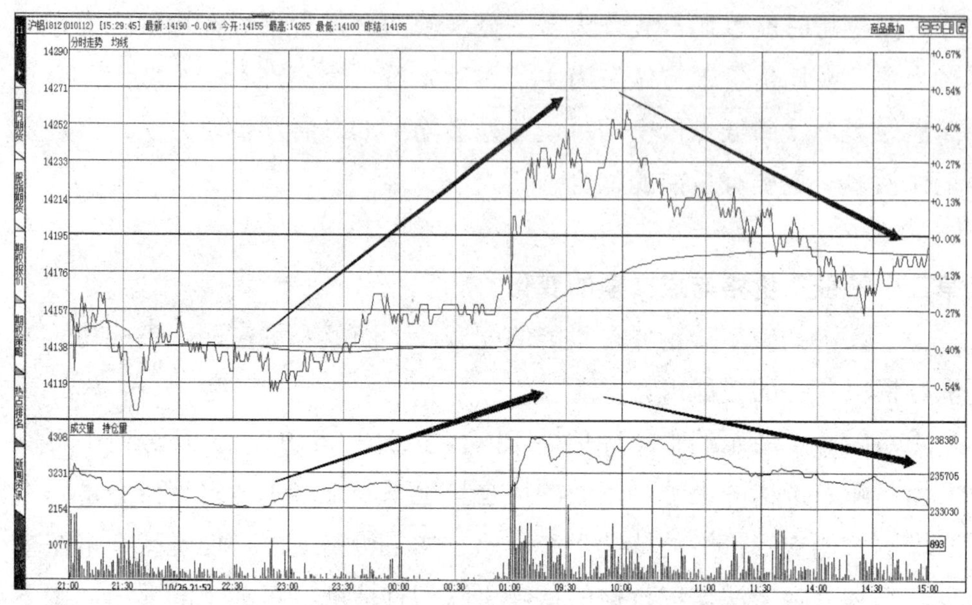

图 3-8 沪铝 1812 合约 2018 年 10 月 29 日分时图

当持仓量减少的时候，上面的价格也随之下跌。

分析分时图的价量关系对我们做日内短线交易非常重要，它能帮助我们在分钟线、日线、周线的基础上，把握日内短线的最佳买卖点。

单一分钟 K 线或日 K 线可能透露出的信息相对较少，而分解到分时图走势中，则可以透露出许多的交易信息。在分时图走势中，我们可以更加精细地观察到行情在小周期级别中的价量波动态势。无论日 K 线是收阴还是收阳，在分时走势中总有许多小波段的高点或低点。也无论日 K 线是放量还是缩量，分时走势中总有许多局部小阶段性的放量与缩量分布存在，从而精细研究更小级别的价量配合关系，从中可以判断当天短期的走势强弱，寻找最佳的买卖时机。

俗话说："万法归宗""大道若简"，其实分时图中的价量分析与大级别的分析方法完全相同。价升量增、价升量平、价升量减、价平量增、价平量平、价平量减、价跌量增、价跌量平、价跌量减的使用精要均可以在分时加以运用。

第二节 失败的行情具备的特征

上一节讲了成功走出来的行情所具备的特征，下面讲一下失败的行情都具备哪些特征。

第一个特征：重要点位的失守

价格突破盘整的上下沿，或者前高低点后回到原有趋势中，前文讲过，成功的行情突破一个重要的支撑位或阻力位后是不会回到原有趋势中的，如果突破重要的阻力位或者跌破重要的支撑位后又回到原有趋势中，那就意味着上涨或者下跌行情失败。

在图 3-9 所示的 PP1901 合约 2018 年 10 月 29 日 5 分钟走势中，价格以一个开盘高开的方式突破前期横盘整理的上沿，如果价格真的打算上涨，那么回调一般都不会回调到前期横盘行情中。一般来说，如果今天开盘价是开在昨天高点之上，那么我们今天首先用做支撑的重要点位就是昨天的最高点。以图 3-9 所示的 5 分钟走势为例，今天开盘价开在昨天的高点之上，我们首先要做的就是在昨天的最高点之上画上一条水平连线，当价格跌到昨天的高点之上受到支撑，我们就可以以昨天的最高点为进场做多的依据进场做多，但是很多事情却事与愿违，像这个 PP1901 走势跌破了昨天的最高点，那么即使昨天行情上涨得再好我们都要谨慎看多了。

图 3-9　PP1901 合约 2018 年 10 月 29 日 5 分钟走势图

在图 3-10 所示的螺纹 1905 合约 2019 年 1 月 7 日 5 分钟走势中，前一个交易日的走势为上涨行情，今天惯性高开在预料之中，而且高开的幅度并不太大，也比较适合我们今天继续进场做多，如果高开得太大，建议不要盲目追多，因为很容易一个大幅高开就把今天该走的行情走完了，如果大幅高开后再放巨量，就更不要盲目做多。螺纹 1905 高开后回调价格打到昨天的最高点后一度出现了多空拉锯战，对昨天的最高点争夺的过程，但是最终行情并未如我们所愿，受到支撑后再次上涨，反而跌破昨天的高点。昨天最高点这个重要的支撑点位一旦失守，也就意味着行情有可能进入了回调行情。

图 3-10　螺纹 1905 合约 2019 年 1 月 7 日 5 分钟走势图

第二个特征：分时图中价格与均价线位置的变化

一波上涨行情或者下跌行情中，价格一般都会在均价线上或在均价线下，均价线会呈现出一个向上或向下的角度，而价格线会与均价线保持类似平行的状态，向上或者向下运行，而且价格线和均价线轻易不会相交，价格线经常会回调或者反弹到均价线附近后，以均价线为支撑或者阻挡再次上涨或者下跌。

从图 3-11 所示的螺纹 1905 合约 2019 年 1 月 7 日分时中不难看出，均价线对行情的走势起到了支撑与指引的作用，这就意味着如果均价线一旦被跌破，那么上涨行情就有可能不复存在。

在图 3-12 所示的纤维板 1903 合约 2019 年 1 月 7 日分时中，价格一直在均价线上方，均价线以一个角度向上运行，当价格回调到均价线附近寻找支撑时却跌破了均价线，那么我们就可以简单地判断上涨行情不在，我们判断上涨行情不在的依据就是价格跌破了均价线，所以现在有很多投资者都是依据分时图中价格跌破或者突破均价线为依据来进行买卖。

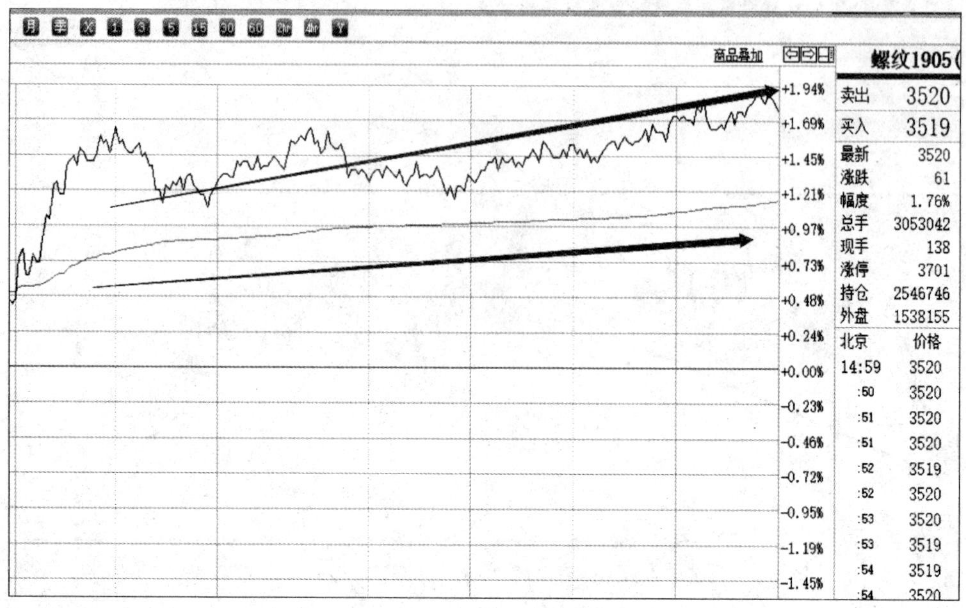

图 3-11　图 3-11 螺纹 1905 合约 2019 年 1 月 7 日分时图

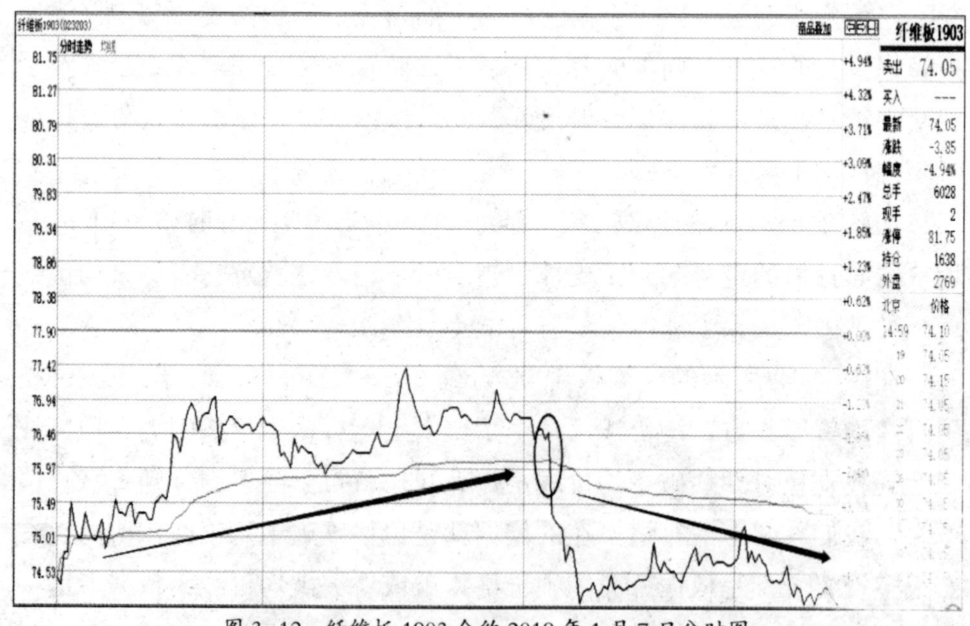

图 3-12　纤维板 1903 合约 2019 年 1 月 7 日分时图

第三节　趋势反转行情具备的特征

一、标志性 K 线出现

宇宙万物运行皆有规律可循，期货行情走势也是如此，尤其是用来体现价格的 K 线。职业私募操盘年，接触过形形色色的期货投资者，笔者发现很多投资者经常用各种指标作为进出场的依据。但是大家都知道任何技术指标都是滞后的，滞后的原因就是：先有行情才有技术指标金叉死叉以及超买超卖的技术形态，而行情的趋势反转，最先体现的就是在 K 线走势中。

K 线图源于日本德川幕府时代，被当时日本米市商人用来记录米市的行情与价格波动，后因其细腻独到的标画方式而被引入股市及期货市场。目前，这种图表分析法在我国以至整个东南亚尤为流行。由于用这种方法绘制出来的图表形状颇似一根根蜡烛，加上这些蜡烛有黑白之分，因而也叫阴阳线图表。通过 K 线图，我们能够把每日或某一周期的价格走势表现完全记录下来，期价经过一段时间的盘整后，在图上即形成一种特殊区域或形态，不同的形态显示出不同意义。我们可以从这些形态的变化中摸索出一些有规律的东西。K 线图组合及形态可分为反转形态、整理形态等。K 线反转形态及组合大概有 70 多种，下面所要讲的就是几种代表行情反转的标志性 K 线组合形态。

1.射击之星和锤头线

先说一下射击之星，射击之星的技术形态是一根带长长上影线的 K 线，其位置主要出现在行情的顶部，是一种十分明显的见顶信号。一根 K 线要成为射击之星,必须满足以下两个基本条件：

(1)K 线实体要很小,下影线很小或没有，笔者认为，下影线一般不要超过上影线的 1/3，但上影线一定要长。

(2)出现在上升趋势中，通常行情有一段较大涨幅，行情走势上涨我们是可以看到的，当行情一直向上攀升，达到一个相对高的位置时，主力往往会在顶部做一次加速向上的突破拉升，但收盘时，价格会回落至原位，这时的 K 线形态在顶部出现了一根带长上影线的 K 线。这根 K 线的实体可以是一根阳线，也可以是一根阴线。

(3)通常这根射击之星 K 线上影线的高点就是当前阶段性上涨的高点。

如图 3-13K 所示的线形态中，前两个是标准的射击之星形态，上影线明显地大于 K 线实体，最低要是 K 线实体的两倍以上，没有下影线。但是笔者认为上影线也不要太长，射击之星的标准，K 线实体要尽量的小，但是影线长短不是越长越好。从笔者多年的实战经验中来看，一般来说，影线是 K 线实体的 2～3 倍最佳，这样才更利于我们运用 K 线技术来进行走势的分析。后两个算是变异的射击之星，因为它有下影线，但是如果从这根 K 线整体来看，上影线占据绝对的主导地位，那么有点下影线是完全可以接受的，如果非要把它量化一下，笔者认为下影线不要超过上影线的 1/3，下面我们看一下实战中射击之星的实例。

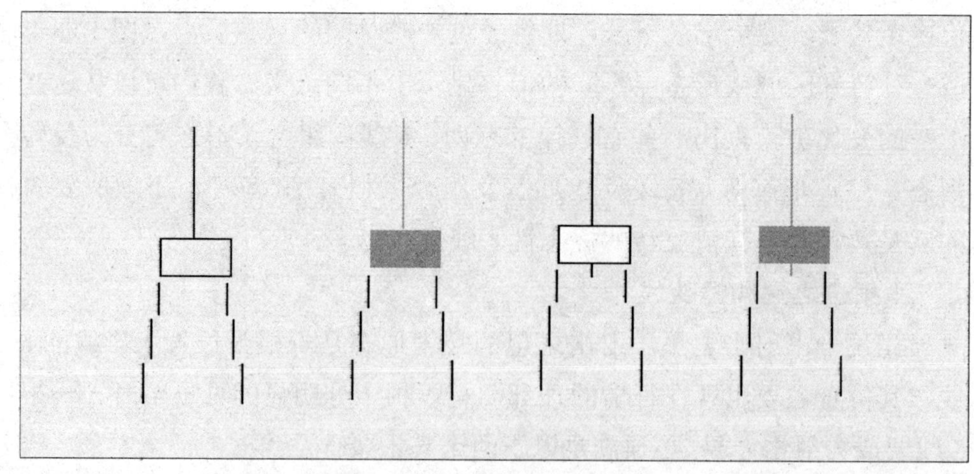

图 3-13　射击之星形态

在图 3-14 所示的线材 1905 合约 2019 年 1 月 30 日 5 分钟走势中，价格经过了底部筑底的过程之后，突然转为上涨，在行情的连续急拉上涨之后出现了顶部的射击之星 K 线形态，而且这根顶部的射击之星完全符合笔者之前讲到的射击之星的三个特征。当我们看到这根射击之星的那一刻，就要意识到上涨行情有可能暂时告一段落。接下来的就有可能是一波空头行情，事实也证明了这一点，当上涨行情出现了阶段性的高点，并且最高点是一根射击之星形态，那么我们就可以根据这根射击之星进场做空。

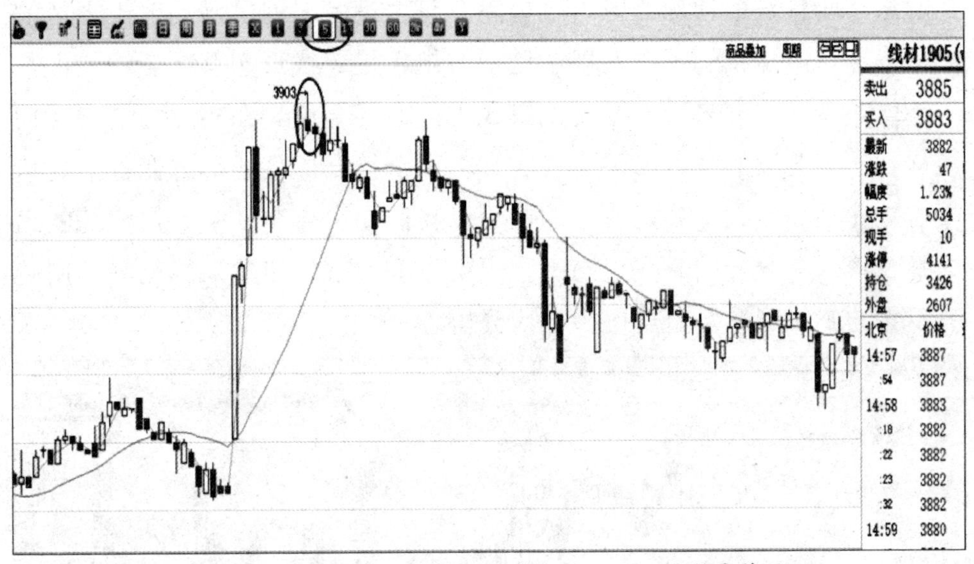

图 3-14　线材 1905 合约 2019 年 1 月 30 日 5 分钟走势图

其实做好期货并不难，很多人觉得做期货最需要的是技术，但是笔者可以告诉大家其实学习期货技术并不难，难的是坚持。期货行情的上涨与下跌是有很多规律可循的，就像如图 3-14 所示的这根顶部的射击之星形态，很多投资者都懂，但就是不去深度地研究它、利用它。

在笔者多年的职业操盘生涯中，射击之星是判断趋势反转特征用得最多的 K 线形态之一，如果让我从 K 线组合和形态中找出三个必须掌握的代表趋势反转的 K 线组合形态，那么射击之星是必须有的。所以希望广大期货投资者也都加以重视。

大家再仔细看一下图 3-14，我们发现在顶部的射击之星前面其实还有一个射击之星 K 线形态（前面第三根 K 线），那为什么我们不利用它判断，上涨行情将要结束，行情可能开始下跌呢？大家用射击之星必须具备的三个特征去对照一下，就可以看出它只符合第一个特征。

在图 3-15 所示的橡胶 1905 合约 2019 年 1 月 30 日 5 分钟走势中，有两个顶部的射击之星形态，但都是变异的，左侧第一个圆圈处的顶部射击之星，价格经过连续的上涨，在行情的顶部出现了射击之星 K 线组合形态，而且这根顶部的射击之星完全符合笔者之前讲到的射击之星的三个特征。但是我们不难发现，这根射击之星 K 线形态有下影线，但是从整体的 K 线形态来看，还是上影线占据主导地位。在实际行情中我们经常会遇到变异的技术形态，其实真正完全符合标准的形态在行情走势中占比并不多，大部分是变异的，所以我们在实盘交易中一定要练就出火眼金睛，在变异的 K 线形态中找出可以利用有价值的，能充分利用趋势反转的 K 线形态及组合进行行情分析。

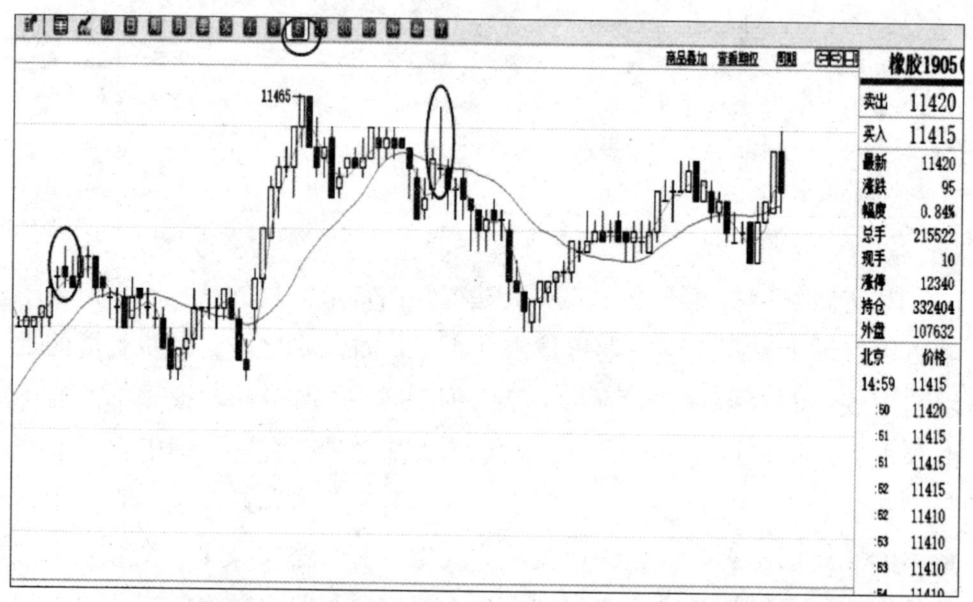

图 3-15　橡胶 1905 合约 2019 年 1 月 30 日 5 分钟走势图

当我们看到这根射击之星的那一刻就要意识到上涨行情有可能暂时告一段落，接下来的就有可能是一波空头行情，事实也证明了这一点，当上涨行情出现了阶段性的高点，并且最高点是一根射击之星形态时，我们就可以根据这根射击之星进场做空。

图 3-15 中第二个圆圈处变异的射击之星，很多人把它看做了十字星，其实很多十字星其实就是变异的射击之星，那么怎么判断十字星是变异的射击之星呢？从上下影线的长短来判断即可，只要十字星中上影线明显地占据主导地位的都可以当做射击之星来看待。就像图 3-15 第二个圆圈处的一样，还有就是 T 字星，都可以当做射击之星来看待。

在图 3-16 所示的燃油 1905 合约 2019 年 1 月 30 日 5 分钟走势中，价格一路上涨，在行情走势的顶部出现了一个类似十字星形态，但是上影线明显地占据主导的地位，我们可以把这根十字星当做顶部变异的射击之星来看待，而且它也完全符合射击之星的三个特征。当顶部出现了这根变异的射击之星后趋势出现了反转，我们就可以根据它进场做空。

图 3-16 燃油 1905 合约 2019 年 1 月 30 日 5 分钟走势图

在图 3-17 所示的铁矿石 1905 合约日 K 线走势中，我们看到阶段性高点 541 点位的 K 线是一个类似于倒 T 字线的 K 线形态，其实它同样是一个变异的顶部射击之星形态，行情经过了一段上涨后，在顶部出现了这种倒 T 字的 K 线形态，那么我们要第一时间知道它是一个变异的顶部的射击之星，发现它的同时，再根据它的出现会导致趋势反转的特性进场做空。

图 3-17 铁矿石 1905 合约日 K 线走势图

在讲了顶部典型的趋势反转 K 线形态射击之星后，下面就讲解一下它的姊妹篇：底部的锤头线。锤头线也叫锤子线，它的定义恰恰和顶部的射击之星相反，锤头线是下影线较长，而实体较小，处于接近顶端的位置上，并且出现在下降趋势中。如果它在下降趋势阶段性底部出现，就意味着下跌趋势有可能终结。

锤头线的形态特征：

（1）K 线实体要很小，上影线很小或没有，笔者认为，上影线一般不要超过下影线的 1/3，但下影线一定要长。

（2）出现在下跌趋势中，通常行情有一段较大跌幅。出现底部锤头线技术形态的下跌行情走势都是可以看到的，当行情一直下跌，达到了阶段性的低点位置时，K 线形态在底部出现了一根带长下影线的 K 线。这根 K 线的实体可以是一根阳线，也可以是一根阴线。

(3) 通常这根底部锤头线 K 线下影线的低点就是当前阶段性下跌行情的低点。

锤头实体越小，下影线越长，止跌的效果就越明显，价格下跌的时间越长、幅度越大，止跌的效果就越明显。阳线锤头比阴线锤头的力度要大一些。

在图 3-18 所示的 K 线形态中，价格出现了一波下跌后在行情底部出现了锤头线形态，下影线明显地大于 K 线实体，最低要是 K 线实体的两倍以上，有点上影线但是和下影线相比较可以忽略不计。但是笔者认为，下影线也不要太长，底部的锤头线的标准，K 线实体要尽量地小，但是下影线长短不是越长越好。从笔者多年的实战经验来看，一般下影线是 K 线实体的 2～3 倍最佳，这样才更利于我们运用 K 线技术来进行走势的分析。可能会有点上影线，从这根 K 线整体来看，下影线占据绝对的主导地位，那么有点上影线是完全可以接受的，如果非要把它量化一下，笔者认为上影线不要超过下影线的 1/3，下面我们看一下实战中底部锤头线的实例。

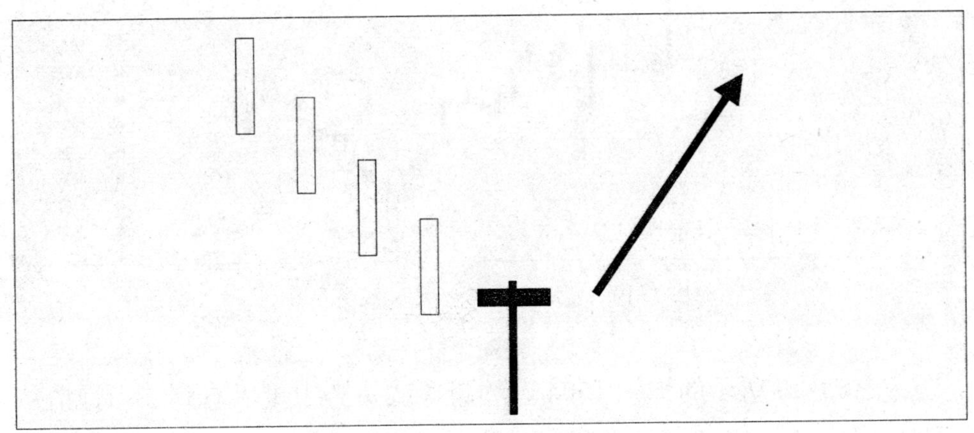

图 3-18　射击之星形态

在图 3-19 所示的硅铁 1905 合约日 K 线走势中，价格经过了三波的下跌过程之后，出现了底部标准的锤头线 K 线反转形态，而且这根底部的锤头线完全符合底部锤头线的特征。当我们看到这根底部的锤头线的那一刻就要意识到这波下跌行情有可能暂时告一段落，接下来的就有可能是一波多头行情的开始，事实也证明了这一点。当下跌行情出现了阶段性的低点，并且最低点是一根底部的锤头线形态，我们就可以根据这根底部的锤头线进场做多。

在图 3-19 的 K 线走势中，显示见顶后几乎是跳水式的下跌，直到市场收了一根锤头线,止跌反转，从而震荡上涨。在实战中当看到锤头线后可以尝试性地做多，当以震荡上涨的走势进一步验证锤头线的反转信号时，可以逐步加仓，直到出现上涨乏力时再考虑平仓。

图 3-19 硅铁 1905 合约日 K 线走势图

从图 3-20 所示的沪铜 1904 合约日 K 线走势中可以看到，当行情从顶部开始下跌，底部出现了两个锤头线后行情开始止跌，这两个底部的锤头线，第一个是标准的锤头线，第二个是变异的锤头线(无论任何的顶部或者底部趋势反转K线反转组合或者形态，大家一定要第一时间就识别出变异的形态，因为顶部的射击之星和底部的锤头线在实际行情中很难找到一些标准的技术形态。比如接下来要讲到的底部的早晨之星和顶部的黄昏之星)。正常来说，底部出现一根锤头线就意味者多头能力接盘的能力非常强，同时出现两个那就更增大了多单接盘的决心，也就意味着行情由空转多的可能性更大，投资者可以积极进场做多。

图 3-20 沪铜 1904 合约日 K 线走势图

在图 3-21 所示的沪银 1906 合约日 K 线走势中，行情经过了一波上涨后开始下跌，不难发现此次下跌经过了五浪下跌，波浪理论在笔者第一部《期货日内短线复利密码》这本书中。笔者这里不作过多讲解。

下跌行情经过了五浪下跌后，同样在行情的底部出现了两个锤头线形态，圆圈中第一个锤头线是变异的，因为它有明显的上影线，但是从整个K线来看，下影线占据主导地位，上文讲过就是上影线的长度不能

图 3-21 沪银 1906 合约日 K 线走势图

超过下影线的 1/3，所以它是一个变异的锤头线，一样对行情会起到止跌然后反转的作用。如果在底部同时出现两个甚至三个，那么行情止跌反转的可能性就更大。

2.倾盆大雨和旭日东升

我们先讲一下倾盆大雨，倾盆大雨形态是当价格上涨，先是收出一根大阳线或中阳线，表明上涨趋势会继续，紧接着价格并没有继续上涨，而是走出了一根低开低走的大阴线或中阴线，并且阴线的收盘价低于前一根 K 线的开盘价，此时倾盆大雨形态形成。倾盆大雨形态特征是由一根中大阳线和一根中大阴线组成，阴线低开低走，它的收盘价低于阳线的开盘价，是一个典型的顶部趋势反转 K 线组合。而且见顶信号强于乌云盖顶，稍后笔者会对乌云盖顶 K 线技术形态进行一个讲解。阴线实体低于阳线实体部分越多，见顶信号越强烈，行情由多转空的可能性越大。倾盆大雨形态与顶部的分手线和顶部单日反转形态相似，与倾盆大雨形态相对应的是旭日东升形态。

在图 3-22 所示的 K 线形态中，第一个图是标准的倾盆大雨 K 线组合形态，由一根中大阳线和一根中大阴线组成，阴线低开低走，它的收盘价低于阳线的开盘价。后面三个就是变异的倾盆大雨 K 线组合形态，我们不难发现一个规律，就是我们判断倾盆大雨组合形态的时候，不要太在意它的影线，当然这种不在意还是要有个度，尤其是下影线过长绝对不行，最好在这个倾盆大雨组合 K 线组合形态中，阴线的下影线不要超过这根阴线实体的 1/3，当然组合里面的阳线下影线也不要太长，无论倾盆大雨这个组合里面阳线还是阴线的下影线过长对行情由多转空的效果都不好，倾盆大雨 K 线组合形态，表明多方力量已经衰竭，这时要及时平掉多单，在高位反弹行情中，出现倾盆大雨形态也应及时出局，倾盆大雨形态看空信号强烈。下面看一下实战中倾盆大雨 K 线组合的实例。

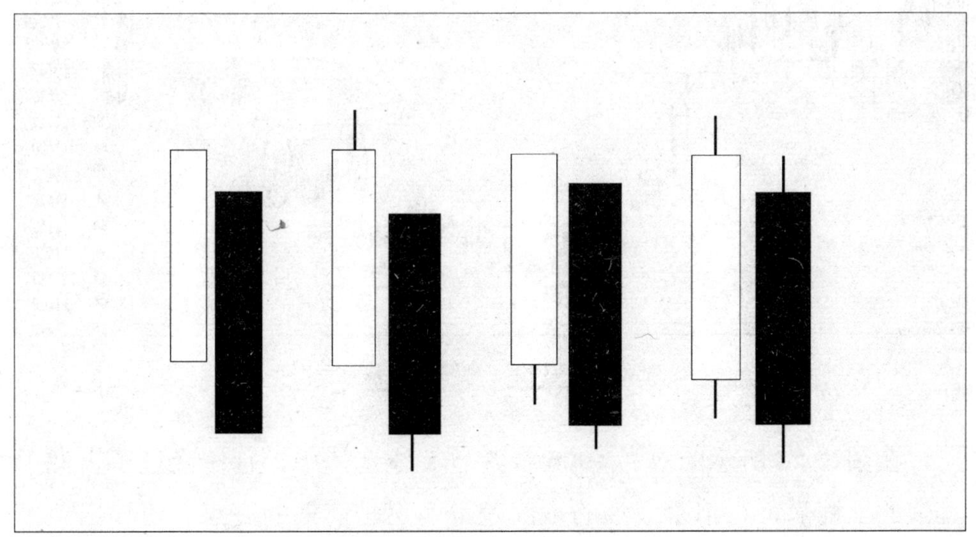

图 3-22　倾盆大雨形态

在图 3-23 所示的橡胶 1905 合约日 K 线走势中，行情经过了一波下跌后出现了反弹，当反弹到一个阶段性的高点，我们不难发现在阶段性的顶部连续出现了乌云盖顶和倾盆大雨见顶 K 线反转组合(两个圆圈处，第一个是乌云盖顶，第二个是倾盆大雨)。我们重点看第二个倾盆大雨 K 线组合，完全符合倾盆大雨的所有特征。虽然是变异的，但是它的反转效果和标准的图形效果是一样的，所以我们在实际交易中一定要擦亮眼睛把它找出来。当行情顶部出现倾盆大雨组合形态，行情极有可能由多转空，此时我们应该积极进场做空，如果此时持有多单，建议减仓或者直接全部出局。

图 3-23　橡胶 1905 合约日 K 线走势图

在图 3-24 所示的热卷 1905 合约日 K 线走势中，行情经过了类似于五浪的上涨后，行情阶段性的顶部差不多也是前期的高点。连续出现了两个顶部的倾盆大雨 K 线组合形态，当阶段性的顶部出现了倾盆大雨表明多方力量已经衰竭，如果前方还有一个重要的高点或者低点的压制，这时就更要及时平掉多单，在高位反弹行情中，出现倾盆大雨形态也应及时出局，因为倾盆大雨形态看空信号强烈。

图 3-24　热卷 1905 合约日 K 线走势图

下面我们再来说一下和倾盆大雨组合非常相近的一个顶部 K 线组合乌云盖顶。乌云盖顶由一条阳线和一条阴线组成，阴线在阳线收盘价之上开盘，在阳线实体内收盘，形成乌云盖顶之势，显示行情走软，阳线实体被阴线覆盖得越多越好，如果要量化的话，阴线最低要覆盖阳线 1/2 以上才能表明由多转空的可能性越大。

乌云盖顶是仅次于倾盆大雨的顶部看跌趋势反转 K 线组合形态，经常发生在一个超长期的上升趋势中。长阴 K 线意味着上涨行情动力耗尽，空头能量已经控制大局，新的一波下跌行情即将开始。

在图 3-25 所示的乌云盖顶形态中，上升趋势中先是一根长阳线，接下来是一根开盘价高于这根阳线最高点的阴线，这根阴线的收盘价低于前一根阳线实体的收盘价，而且这根阴线的实体最低要收在这根阳线的 1/2 以下。收复阳线实体越多，下跌的可能性越大，效果就越好。

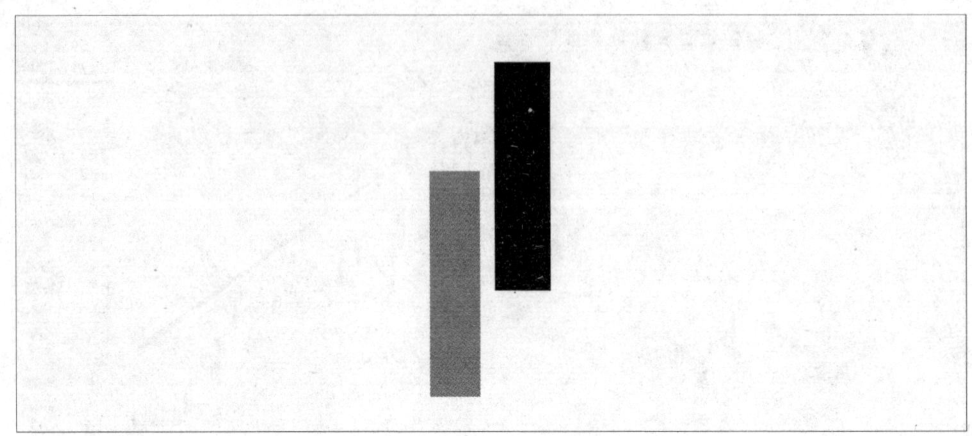

图 3-25　乌云盖顶形态

在图 3-26 所示的塑料 1905 合约日 K 线走势中，价格经过了一轮上涨后开始下跌，在此波下跌中的反弹高点出现了乌云盖顶的 K 线反转组合，当顶部出现乌云盖顶后，我们应该积极做空，尤其这种下跌途中反弹的乌云盖顶效果更好。还有一个重要的地方要注意，就是这个乌云盖顶的 K 线组合里面的阳线和阴线的下影线一定不要太长，如果太长，那

图 3-26　塑料 1905 合约日 K 线走势图

么由多转空的效果也不见得有多好。

乌云盖顶是一个见顶标志，预示价格可能会见顶回落。乌云盖顶是强烈的做空信号，一旦出现应积极进场做空。高位乌云盖顶出现的频率很高，在许多高价位上都能见到乌云盖顶组合。投资者应对这一形态高度重视，凡在高位出现乌云盖顶，下一根K线又继续收阴时，应坚决做空。

上文讲了顶部典型的趋势反转K线形态倾盆大雨和乌云盖顶，下面就来讲解一下它的姊妹篇：底部的旭日东升和曙光初现K线组合形态。

旭日东升K线组合形态是行情一路下跌出现一根大阴线或中阴线，而随着空方能量的逐渐耗尽，接着出现一根高开的大阳线或中阳线，而且这根大中阳线是大幅跳空高开并且阳线的收盘价高于前一根阴线的开盘价。这根大中阳线没有较长的上影线，最好是光头光脚的长阳线，这种K线组合形态就叫做旭日东升K线组合形态。

在图3-27所示的旭日东升形态中，下跌趋势到达了阶段性的低点，可以用波浪理论或者谐波技术去衡量行情是否到达了阶段性的低点。先是一根大中阴线，接下来是阳线跳高开盘，并且它的收盘价完全覆盖了前一根阴线的实体，覆盖得越多，效果越好，并且这根阳线的上影线越短越好，越短行情由空转多的可能性就越大，旭日东升形态的见底趋势反转信号要比曙光初现强。

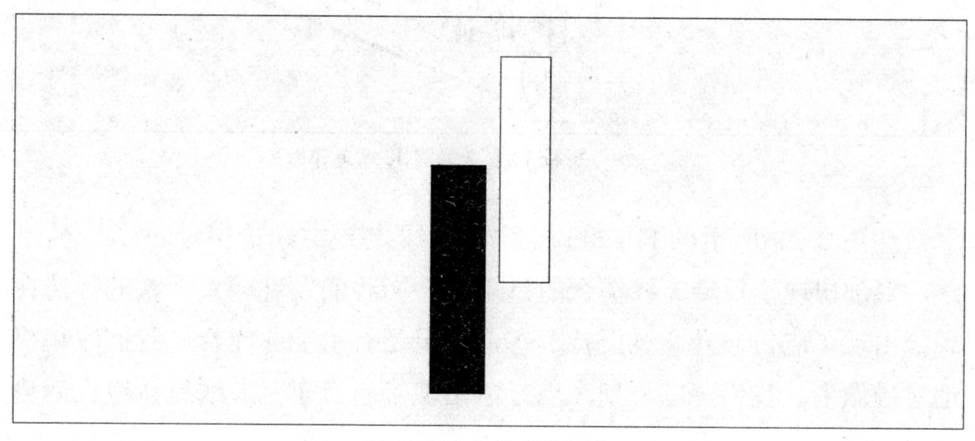

图3-27　旭日东升形态

在图 3-28 所示的塑料 1905 合约日 K 线走势中，价格经过了一轮下跌，没看错的话，应该经历了五浪下跌，底部出现了旭日东升 K 线组合形态，前一根还是阴线下跌，后一根跳高的阳线开启了行情上涨模式。我们看这根阳线是一根几乎是光头光脑的阳线，那么上涨的可能性就更高，如果此时再有量能的配合效果更好。大家记住一点：下跌行情可以忽略量能的存在，但是上涨行情一定要有量能的配合。旭日东升 K 线组合形态是多空双方演变的过程，随着空头能量的逐渐减弱，多头量能的逐渐增强，多头量能的跳高开盘爆发，此时空头量能已无还手之力。

图 3-28 塑料 1905 合约日 K 线走势图

在图 3-29 所示的 PP1905 合约日 K 线走势中，价格经过了一轮下跌，底部出现了反转 K 线组合旭日东升，当我们发现一直下跌的行情在底部出现了旭日东升 K 线反转形态，如果还有量能的配合，我们应积极地进场做多。我们可以看到，当行情出现了旭日东升 K 线反转组合后势一路上涨。

图 3-29　PP1905 合约日 K 线走势图

下面我们再来说一下和旭日东升组合非常相近的一个 K 线组合曙光初现。曙光初现由一条阴线和一条阳线组成，阳线在阴线收盘价之下开盘，在阴线实体内收盘形成曙光初现之势，显示行情走弱阴线实体被阳线覆盖得越多越好，如果要量化的话，阳线最低要覆盖阴线 1/2 以上才能表明由空转多的可能性越大，同时还要有量能的配合效果就更好。

曙光初现是仅次于旭日东升的看多趋势反转 K 线组合形态，经常发生在一个超长期的下跌趋势中。长阴 K 线意味着下跌行情动力耗尽，多头能量已经控制大局，新的一波上涨行情即将开始。

在图 3-30 所示的曙光初现形态中，K 线组合由两根走势完全相反的较长 K 线构成，前一根为阴线，后一根为阳线。第二根阳线向下跳空低开，开盘价远低于前一根的收盘价。但收盘价却高于前一根阴线的收盘价，并且阳线的收盘价深入第一根阴线的实体部分中，几乎达到前一天阴线实体的一半左右的位置。笔者还是要说一下曙光初现这个 K 线组合的几个要点，首先这根阳线的实体一定要收复前一根 K 线实体的 1/2

以上，其次就是这两根K线的上影线一定不要太长，起码不能超过实体的1/3以上效果才能做好。

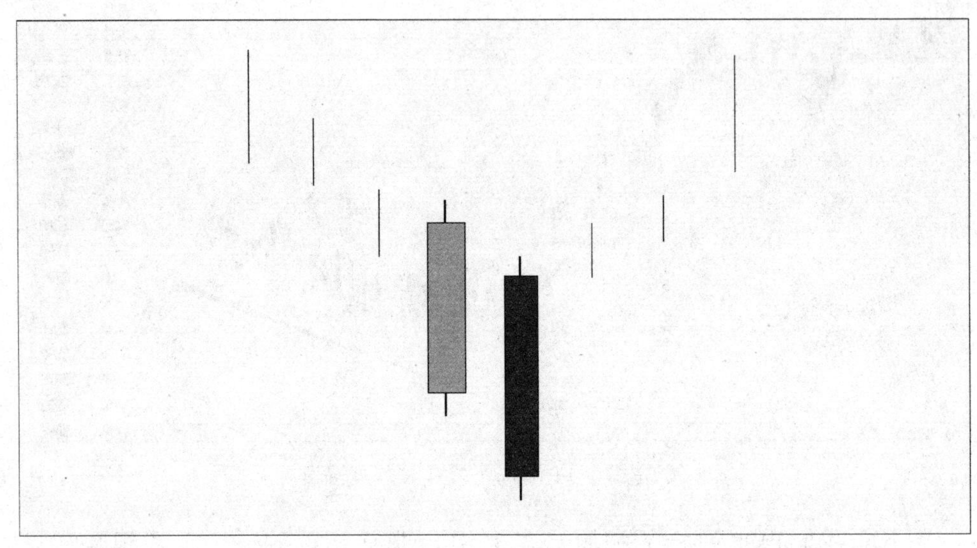

图3-30 曙光初现形态

在图3-31所示的苹果1905合约2019年1月30日5分钟走势中，价格经历了底部反复震荡的一个筑底走势，当价格再次下跌到底部出现了典型的曙光初现K线组合形态，并且我们不难发现，此次下跌差不多跌到前期低点附近，其实这就是反转共振，如果在实际交易中反转共振的条件越多，行情止跌再次上涨的可能性越大，还要记住一定就是量能配合的情况，无论有多少指标或者数据都出现了共振，没有量能的配合价格也很难上涨，即使上涨也都是昙花一现。

图 3-31 苹果 1905 合约 2019 年 1 月 30 日 5 分钟走势图

3.早晨之星和黄昏之星

我们先说一下早晨之星 K 线组合，从字面上我们就不难理解，早晨之星代表着上升，所以它一定是在行情的底部出现。当行情底部出现早晨之星即预示着下跌趋势即将结束，行情处于拉升的前夜，行情摆脱下跌的阴影，逐步走向光明，所以早晨之星这个名字取得太形象了。标准的早晨之星是由三根 K 线组成，第一根 K 线是下跌趋势中的一根大阴线，第二根 K 线实体部分较短，说明多空进入了拉锯战。构成星的部分，第三根 K 线是一根大阳线，收盘价超过第一根阴 K 线的中部，市场发出明显看涨信号。但是在实际行情中标准的早晨之星 K 线组合形态很难找到，90%都是变异。如何变异？就是中间的十字星既可能是小阴线，也可能是小阳线，也可能是几个小阴线、小阳线十字星组成。

在图 3-32 所示的早晨之星形态中，价格在连续的下跌之后，在底部出现了一根阴线，这根阴线的实体部位很长，显示出后势的趋势很有可能还是下跌。第二根 K 线一根十字星 K 线行情的下跌的幅度已经明显减弱，出现了行情止跌可能反转的信号，第三根出现一根实体很长的阳线，这时候说明行情已经转好，多头已经逐步控制住行情。

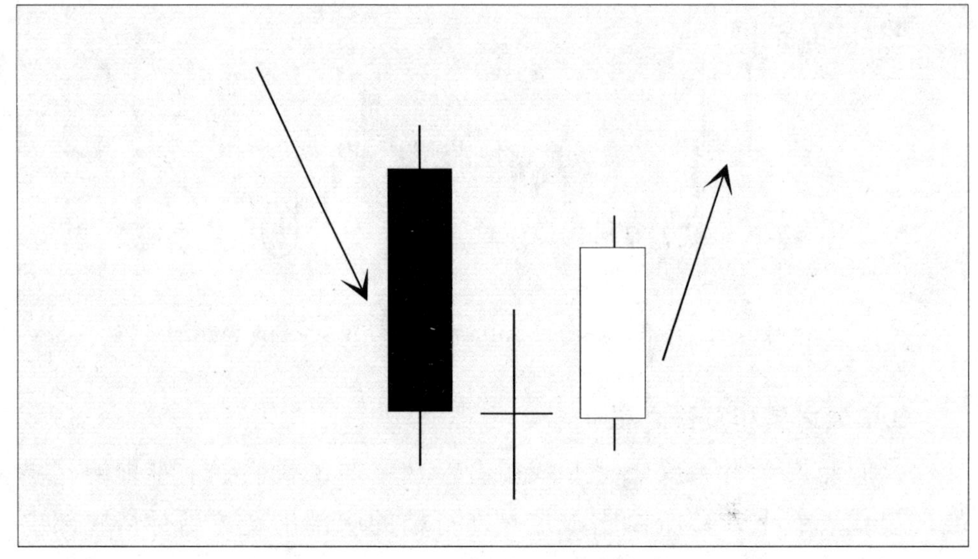

图 3-32 早晨之星形态

早晨之星的 K 线组合一般出现在下降趋势的末端，是一个较强烈的趋势反转信号。三根 K 线在心理上构成一个完整的转化过程：看空心理，多空平衡，看涨心理，所以出现早晨之星 K 线组合形态之后，行情转向和止跌横盘的可能性较高。在 K 线技术里有这样一句顺口溜："早晨之星，开始冲锋，大胆介入，获利颇丰"。

在图 3-33 所示的原油 1903 合约日 K 线走势中，价格经过了一轮下跌，底部出现了早晨之星 K 线组合形态，仔细看看不难发现，这个早晨之星组合还算比较标准，中间是一个小的红 K 线，几乎接近了十字星形态。第一根还是阴线下跌，中间一个根类似十字星形态，后一根一根跳高的阳线开启了行情上涨模式。我们看这根阳线也没有多少的上影线，那么上涨的可能性就更高，如果此时再有量能的配合效果更好，大家一定记住一点：下跌行情可以忽略量能的存在，但是上涨行情一定要有量能的配合。早晨之星 K 线组合形态是多空双方演变的过程，随着空头量能的逐渐减弱，多头量能的逐渐增强，多头量能的跳高开盘爆发，空头彻底放弃抵抗。

图 3-33 原油 1903 合约日 K 线走势图

在图 3-34 所示的苹果 1905 合约日 K 线走势中，行情走势震荡下跌，当再次下跌到前期的两个低点附近出现了一个变异的底部早晨之星 K 线组合形态，为什么说是变异的呢？仔细看看不难发现，大阴线和大阳线中间夹的是一根小阴线，所以大家一定记住，实际行情中是很难找到标准的早晨之星的 K 线组合形态。而且这个早晨之星 K 线组合形态形成的低点和前期的两个低点构成了三重底形态，也就是行情反转共振，如果再有量能的配合此次触底反转的可能性就非常大。

图 3-34　苹果 1905 合约日 K 线走势图

早晨之星 K 线较为完整的形态是：第三根阳 K 线一定要是放量上涨的大阳线，早晨之星的第一根 K 线或第二根 K 线可以出现新低或历史新低，但是第三根阳 K 线一定不能创新低。如果早晨之星中间的 K 线不是小阳，而是螺旋桨、锤头线、倒锤头线等带着很长影线的 K 线，则见底信号更强。

上文讲了底部典型的趋势反转 K 线组合早晨之星，下面就来讲解一下它的姊妹篇：顶部的黄昏之星 K 线组合形态。

从字面来看，黄昏之星恰恰和早晨之星相反，早晨之星代表升起，意味着行情将要上涨；而黄昏之星代表降落，意味着行情将要下跌。黄昏之星 K 线组合形态是价格经过一段时期的上涨，先是一根大中阳线，然后来一个开盘价和收盘价相同或非常接近，带有上下影线的十字星。接着又拉出一根下跌的大中阴线，就形成了一个标准的顶部的黄昏之星 K 线形态。

黄昏之星是一种类似早晨之星反转过来的 K 线组合形态，只是它们在行情中的位置不同而已，一个是出现在行情的底部，一个出现在行情的顶部。

如图 3-35 所示的黄昏之星形态中，价格在连续的上涨之后，在顶部出现了一根阳线，这根阳线的实体部位很长，显示出后势的趋势很有可能还是上涨；第二根 K 线一根十字星 K 线行情的上涨的幅度已经明显减弱，出现了行情滞涨可能下跌的信号；第三根出现一根实体很长的阴线，这时候说明行情已经转空，空头量能大于多头量能。黄昏之星的情况同早晨之星正好相反，它是较强烈的上升趋势中出现反转的信号。黄昏之星的 K 线组合形态假如出现在上升趋势中应引起注重，因为此时趋势已发出比较明确的反转信号或中短期的回调信号，对于我们来说可能是非常好的做空时机。

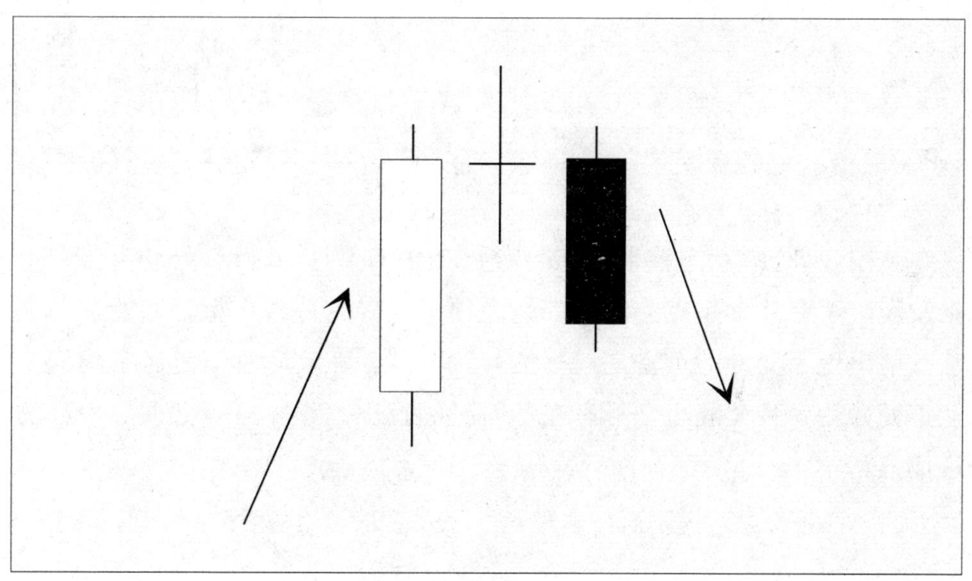

图 3-35　黄昏之星形态

在这里抱歉地和大家说一下，实在找不到标准的黄昏之星案例图形了，在我们实际行情中找一个标准的黄昏之星真的很难，但是变异的黄昏之星 K 线形态每天都会不断地出现。

在图 3-36 所示的甲醇 1905 合约日 K 线走势中，价格经过了一波上涨行情后，在顶部震荡筑顶，当行情再次上涨打到前期的高点附近出现了一个变异的顶部的黄昏之星，然后就是一波非常流畅的下跌行情。

图 3-36　甲醇 1905 合约日 K 线走势图

从图 3-37 所示的苹果 1905 合约 2019 年 1 月 30 日 5 分钟走势中不难发现，苹果几个高点的转折都是由顶部变异的黄昏之星开始的，当上涨行情出现了变异的黄昏之星行情开始下跌。在实际行情走势中我们要能把变异的各种 K 线组合形态在第一时间找出来，才可能把握好精准的进场点。

图 3-37　苹果 1905 合约 2019 年 1 月 30 日 5 分钟走势图

以上给大家讲了常见的标志性反转 K 线，任何 K 线反转形态都是通过大量的历史数据验证过的，历史走势中上涨或下跌的概率更大一些而已，并不能完全依此操作，我们还需要综合成交量、价格运行形态等各项指标观察这是不是一个有效的上涨或者下跌的 K 线反转组合形态。

这里要说明一下，很多读者或者投资者经常问笔者这样的问题：K 线理论适合什么周期上使用？目前比较经典的期货技术，如 K 线理论、波浪理论、江恩理论、道氏理论等，理论上是任何周期都可以使用的，不局限于某一周期，当然可能针对某些周期会更好用些，比如 K 线理论一般建议在 5 分钟周期上使用，因为 1 分钟周期的走势上下影线太多，会影线 K 线组合的完整性。

通过 K 线组合形态判断一个商品价格顶部趋势反转的方法很多，针对不同的情况使用不同的分析方法，才能达到较好的效果。如果使用了技术性和基本面策略仍未能判断出该品种出现阶段性顶部信号，则说明该品种期价还没见顶。

与单根K线形态一样，投资者更需要知道都有哪些K线组合形态的趋势反转起作用，才能在实战中合理地运用它们，否则只能纸上谈兵，看看就忘掉了。如果你想在期货市场有所作为，就要一丝不苟地将各种K线组合及形态牢记在脑中，运用起来才能得心应手。

同时我们还要学会行情反转共振，也就是在判断任何行情反转的时候多个技术结合使用，如K线组合、波浪理论、斐波那契比率，谐波交易技术等，这样结合着去判断才可能加大我们的胜算。关于更专业的波浪理论、斐波那契比率，谐波交易等技术，读者可以联系笔者进一步地学习。

二、出现新低或新高

趋势反转行情具备的另外一个特征是行情出现新低或新高，不知道大家有没有学过江恩理论，江恩理论里面有个十二条买卖规则，这里可能有的投资者会问了：江恩理论不是讲的是股票技术吗？大家一定要记住，只要在K线走势中运用的技术在股票里面可以用的，那么在期货、外汇等走势中都是可以使用的。期货里面可以运用的技术同样在股票、外汇行情中可以使用。

江恩理论的十二条买卖规则：

1. 确定趋势；
2. 在单底、双底或三底水平入市买入；
3. 根据市场波动的百分比买卖；
4. 根据三星期上升或下跌买卖；
5. 市场分段波动；
6. 根据五或七点上落买卖；
7. 成交量；
8. 时间因素；

9. 当出现高底或新高时买入；

10. 决定大市趋势的转向；

11. 最安全的买卖点；

12. 快市时价位上升。

这里就不对这十二条买卖规则作一一讲解，我们只对第 9 条进行分析，当出现高底或新高时买入，可以理解为当价格创新高，表示趋势向上，可以进场做多；当价格下破新低，表示趋势向下，可以进场做空。江恩理论的这条规则言下之意乃是指出，如果市场上创新高或新低，表示趋势未完。但是以上涨为例反过来我们来看这条规则就是，价格上涨如果出现了新低那么上涨行情意味着终结，做空则反之。

在图 3-38 所示的棉花 1905 合约 2019 年 1 月 30 日 5 分钟走势中，价格不断创新高，我们可以看做上涨趋势不变，当行情出现了低于最近的前期低点的走势，那么我们可以看做当前上涨趋势已经走坏，也就是说，当上涨行情出现了跌破前低的走势，就可以看做这波上涨行情的终结，接下来我们所要做的就是逢高沽空。如果我们再结合趋势线来进行趋势转变的分析，效果就更好了。

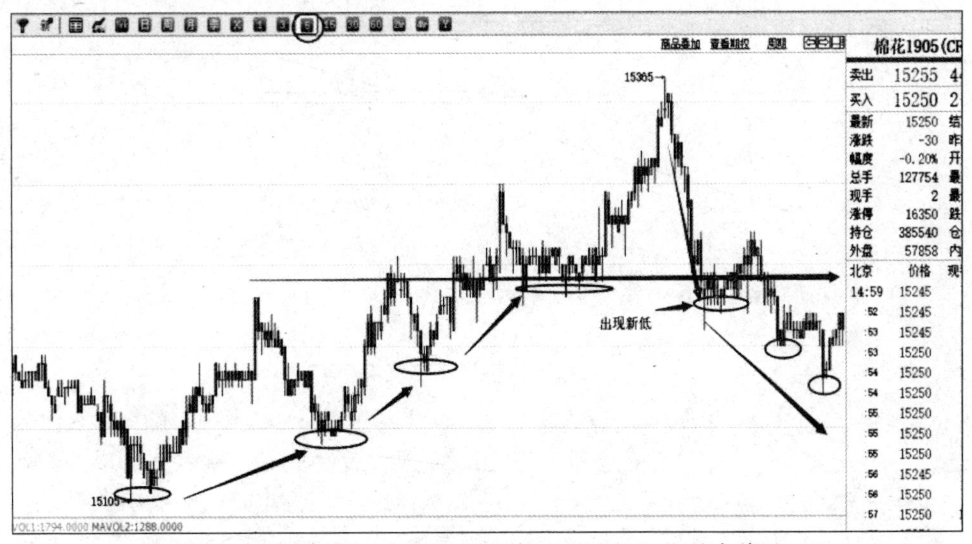

图 3-38 棉花 1905 合约 2019 年 1 月 30 日 5 分钟走势图

在图 3-39 所示的上涨行情中破前低点和趋势线配合使用的示意中，罗列了三个常见的两者配合使用的示意图，第一个图中价格首先跌破上升趋势线，也就是点 1 的位置，但是行情并没有立即下跌，出现了继续上涨行情，当行情再次跌破上升趋势线，并且跌破了前低点，也就是点 3 这个位置，这时我们可以认为上涨趋势已经转变为下跌行情。第二个图和第三个图和第一个图大同小异，只要价格能跌破前低点并且跌破上升趋势线就是上涨行情反转的重要特征。趋势线的画线技巧笔者在《期货日内短线复利密码》一书中已经作了讲解，这里就不作太多阐述。

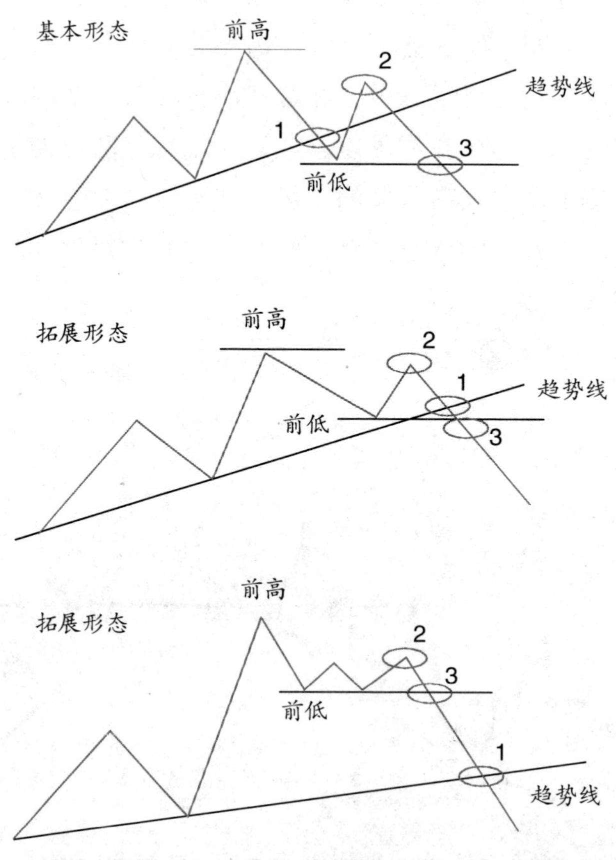

图 3-39 上涨行情中破前低点和趋势线配合使用的示意图

在图 3-40 所示的沪铜 1903 合约日 K 线走势中，前期行情触底反弹行情一路上涨，如果按照江恩理论的十二条买卖规则中的第 9 条：当价格出现新高时买入来衡量，那么此时行情已经形成了上涨趋势。但是当我们发现价格跌破了上涨趋势中前低点，此时我们应该意识到上涨趋势已经反转为下跌行情，如果再配合上升趋势线的跌破，上涨那趋势反转就更加可信。

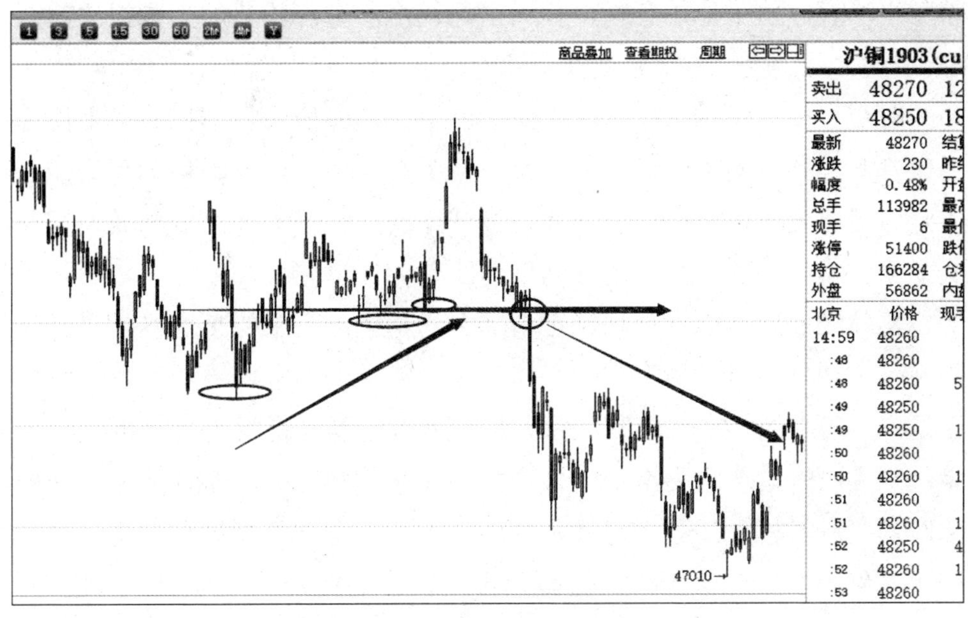

图 3-40　沪铜 1903 合约日 K 线走势图

“顺势而行”，笔者认为期货交易中的顺势是非常重要的，我们一定要对趋势的形态有清楚的理解，让我们在这里为大家加强一点对趋势的理解，上升趋势，能够持续做出新高，近期的新高比之前的高要高，近期的低比之前的低也要高。下降趋势，能够持续做出新低，近期的新低比之前的低要低，近期的高比之前的高也要低。如果出现了反向新低或新高那么就意味着行情已经反转。建议大家多在趋势明显时交易，很多时候若没有在明显的趋势下交易，盈亏情况肯定不会太理想。

三、跌破重要均线

下面讲一下如何通过均线来判断趋势的反转，说到均线那就不得不提葛兰威尔法则，1962 年 7 月，美国投资专家葛兰威尔(Joseph E. Granville)在他出版的新书《葛兰威尔投资法则》中透露了他的最新发明移动平均线。出乎他的意料，移动平均线这一追踪趋势的工具很快就风靡全球。

时至今日，无论是技术分析派，还是基本分析派，都把移动平均线当做判断趋势方向的重要参考工具。甚至在很多时候，是移动平均线在主导着趋势的发展。移动平均线是极其重要的时空坐标，要想成为期货交易高手，你必须学会使用移动平均线。

葛兰维尔创造的八项法则可谓其中的精华，历来的平均线使用者无不视其为技术分析中的至宝，而移动平均线也因为它，淋漓尽致地发挥了道•琼斯理论的精神。八大法则中的四条是用来研判买进时机，四条是研判卖出时机。总的来说，移动平均线在价格之下，而且又呈上升趋势时是买进时机；反之平均线在价格之上，又呈下降趋势时则是卖出时机。虽然葛兰威尔法则讲的是股票市场，但是在期货市场上一样适用，二十几年前笔者学习期货技术的时候基本找不到一本关于期货技术的书籍，最初的技术都是从股票技术书籍中学习然后运用到期货交易中的。

在图 3-41 所示的葛兰威尔法则示意中，买点①平均线经过一路下滑后逐渐转为平滑，并有抬头向上的迹象。另外，价格也转为上升，并自下方突破了移动平均线，这是第一个买进信号。买点②与买点③类似，但价格尚未跌破移动平均线，只要移动平均线依然呈上升趋势，前者也转跌为升，这是第二个买进信号。买点③价格开始仍在移动平均线之上，但呈急剧下跌趋势在跌破移动平均线后，忽而转头向上并自下方突破了移动平均线，这是第三个买进信号。

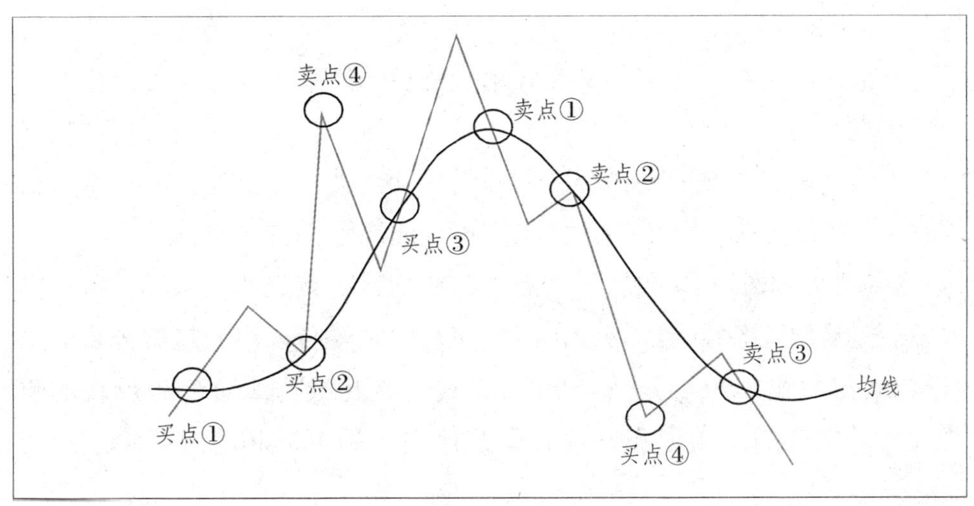

图 3-41　葛兰威尔法则示意图

买点④价格与移动平均线都在下降，问题在于价格急剧下挫，远离了移动平均线，表示价格有上涨的需求，但是笔者不建议卖点④做多，因为均线方向已经转头向下了，趋势已经转空，盲目做多容易被套。

笔者现在给大家分析一下买点①、买点②、买点③、买点④这几个买点的特点，前三个买点都建议大家依据均线来进场做多，为什么？因为这三个买点的时候均线的方向还是倾斜向上的，并且价格最终还是站到了均线之上，均线的倾斜向上意味着上涨行情并没有走坏，所以我们在实际交易中完全可以通过某一根均线的方向来判断行情的方向，判断趋势是否转变，具体运用哪条均线来判断趋势的转变，接下来会进行详细的分析。但是当买点④出现的时候均线的方向大家可以看一下，它的方向是向上还是向下？答案是向下的。

所以此时我们再盲目地去做多肯定是凶多吉少，为什么很多期货投资者非常用功去学习各种期货技术，但是越学越迷茫，越学越困惑，也严格地按照所说的技术去操作了，但是就是不能做到稳定获利，渐渐地就对所学的技术质疑了。你有没有想过，你所学的技术很多不是根据中国期货市场而编著的，所以很多技术都需要我们根据国内的期货行情进行一个调整。

目前国际上很多经典的交易技术，建议大家只能作为参考，不要完全地全盘套用，要多学其他技术来衡量哪些经典技术可以用，哪些技术要进行调整，哪些技术要抛弃。这样学习期货技术才能让你的技术精益求精，才可能让你所学的期货技术真正变成属于你自己的。

现在我们来研究这条用于判断趋势的均线，首先和大家说一下在国内期货交易中几条重要的均线，国内交易中主要可以用做趋势分析的均线有 20 日均线、30 日均线、60 日均线，这几根均线对趋势反转的重要性只是笔者的个人观点，读者有其他观点的可以和笔者联系进行交流学习。

为什么笔者认为这三条均线在国内期货市场重要呢？有的投资者会说了，半年线、年线不重要吗？这里可以告诉大家，半年线、年线用做于股票市场是没问题的，因为股票市场是可以长期持有的，一只股票只要这家上市公司不倒闭，投资者可以持有几年甚至更久，如果被套了可以作为传家宝留给儿子甚至孙子。但是期货市场就不行，期货市场是保证金制度，而且每个合约是有时效性的，一般一个品种的某一合约主力位置也就 3～5 个月，所以这么短的持仓周期你用半年线甚至年线来持仓显然是不合适的。可能几个月的主力合约走势连年线都碰不到，股票的平均持仓周期和期货的平均周期显然不是一个级别的。所以 20 日均线、30 日均线、60 日均线足够了，这三根均线就可以用做衡量期货行情趋势是否反转的重要参照物。很多投资者会问为什么这三根均线都可以作为行情反转的参照物，它们的优缺点又有哪些？

在图 3-42 所示的 PPA1905 日线 20 日均线示意中，20 日均线意义是期货或者股票市场中最接近 20 日的平均收盘价格，反映了价格 20 天的平均成本，其运用在实战中极其重要。通常 K 线在 20 日均线上方是进场做多的重要依据，价格在 20 日均线下方是做空的依据。

20 日均线交易中常用的交易方法：

图 3-42 PPA1905 日线 20 日均线示意图

(1) 20 日均线在低位走平时应该视为低位筑底的过程，当然此时要结合用到波浪理论和斐波那契比率以及谐波交易技术会判断得更加准确。

(2) 20 日均线开始向上拐头，价格站上 20 日均线之上时进场做多，回调确认可以加仓。

(3) 均线向上移动一路可以多单进场并且多单持有。

(4) 当 20 日均线在高位走平时警惕，一旦收盘价跌破 20 日均线多单应该立即清仓，并且考虑空单进场。

(5) 20 日均线在高位走平时应该视为高位筑顶的过程，当然此时要用到波浪理论和斐波那契比率以及谐波交易技术会判断得更加准确。

(6) 均线向下移动一路可以空单进场并且空单持有。

(7) 当 20 日均线在低位走平时需警惕，一旦收盘价突破 20 日均线空单应该立即清仓，并且考虑多单进场。

20 日均线优点：20 日均线是短期均线系统中参数最大的一种移动平均线，20 日均线相比 10 日均线的时间周期间隔又要多 10 个交易日，故20日均线运行中的变动频率比10日均线来说，其注重趋势性变化的程度要大得多，它既可避免按10日均线交易过于频繁、失误过多、交易成本过高的缺点，又可弥补长周期均线过于滞后的不足。所以运用20日均线判断趋势以及进出场，获利的单子资金不会回吐太多，可以让每笔单子的盈利都做到最大化。

在图3-43所示的黄金1906日线20日均线示意中，画圈中的行情可以告诉大家当我们遵循着价格跌破20日均线多单出场的规则，此时的价格跌破20日均线只是上涨行情中的回调而已，从此案例可以发现20日均线的缺点，就是容易提前出局错过大行情。那么我们再来看看30日均线和60日均线在期货行情走势中的表现，会不会频率这么高地出现提前出局错过大行情的情况，我们还是拿黄金1906日线行情进行一个对比(见图3-44)。

图3-43 黄金1906日线20日均线示意图

在图3-44所示的黄金1906日线20日均线示意中，笔者把20日均线、30日均线、60日均线都加进去了，这时候大家会发现，如果我们把用 20 日均线的交易方法用在 30 日均线和 60 日均线上会有不同的效果。

图 3-44　黄金 1906 日线 20 日均线示意图

首先用 30 日均线出现提前出局错过大行情的情况会比 20 日均线相对少一点，用 60 日均线会更好一点，基本可以抓到大行情，不会轻易地被上涨中的回调震出去。散户真实的期货交易中很难做到用日线级别去交易去持单，比如日内交易一般用 5 分钟周期、15 分钟周期进场，日内短线的一些交易技巧在笔者的《期货日内短线复利密码》一书中作了详细的讲解。几天的波段一般用 30 分钟周期或者 60 分钟周期进场，用日线周期级别进场起码持仓的周期要在两三个月以上。

大家一定要记住，期货交易是保证金制度，平均下来大概是 10 倍的杠杆，那就意味着价格每一次跳动的盈亏将是股票盈亏的 10 倍。所以如果你在期货交易中真用 60 日均线来衡量趋势的反转或者用来交易你会发现，虽然你可以抓到大行情，不容易被上涨行情的回调或者下跌行情的反弹震出来，但是一旦行情回撤到 60 日均线附近，由于期货交易保证金制度，你的盈利通常会回吐得非常厉害，甚至会出现本来大幅盈利的单子变成亏损的单子。所以 20 日均线有它的缺点，它的缺点恰好是 60 日均线的优点，而 60 日均线的缺点又恰好是 20 日均线的优点，如何取长补短合理地利用这三根均线呢？

根据笔者多年的实盘交易经验，由于期货合约的时效性，如果你做短线，尤其是日内短线，可以用 30 日均线作为衡量趋势反转的参照物；如果你做中长线，可以用 60 日均线作为衡量趋势反转的参照物。因为如果你选择了短线交易就是一种投机行为，快进快出赚取差价，目的很明确，就是盈利。用 60 日均线交易会导致经常的让利润回吐。

30 日均线对期货交易者来说有着非同一般的意义。我们称之为“生命线”，如果说趋势线是行情多空分界线，那么 30 日均线就是行情强弱的分界线。

30 日均线定义：简单来说，30 日均线就是价格 30 天以来的平均价格成本，是该商品的价值中枢，是期货市场散户的投资心理线，是多空行情的临界点，突破之后 30 日均线就成为了强支撑线，跌破后 30 日线强支撑线就变成了压制线，30 日均线的主要作用有以下几点。

(1) 多空分水岭：30 日均线向上，价格在 30 日均线上方，可以看做是多头行情；30 日均线向下，价格也在 30 日均线下方，可以看做是空头行情。

(2) 阻力支撑位：30 日均线具有很好的阻力支撑作用，价格在下跌趋势中，每次反弹遇到 30 日均线附近则容易被 30 日均线压制继续下跌。在上升趋势中，每次回踩遇到 30 日均线则容易被 30 日均线支撑继续上涨。在趋势向上的过程中，如果上涨幅度不大，回踩 30 日均线则是很好的买入时机，在趋势向下的过程中，如果下跌幅度不大，反抽 30 日均线则是很好的做空时机。

(3) 高低位判断：市场上经常有高位低位的议论，实际上后面的价格走势没有出来，谁也不知道哪里是高位哪里是低位。一般而言，投资者不应该探讨绝对的高位和低位，只适合讨论相对的高位和相对的低位。期货价格经过下跌然后开始上升，30 日均线由下降开始走平，则这样的位置可以假设为阶段性的低位，如果随后大幅上涨，涨幅超过 30%，则可以假设为阶段性的高位。如果价格不断地上涨，则相对的高位也随之不断地被抬升，如果价格不断地下跌，则相对的低位也随之不断地被降低。

有的投资者选用 20 日均线，有的投资者选用 30 日均线，其实在此没有绝对的好坏，主要取决于个人交易的习惯。在笔者多年的期货实战交易过程中，发现 30 日均线比 20 日线出现买入点稍晚，卖出点也稍晚，但相对更为准确、更为安全，故通常选用 30 日均线作为趋势反转的衡量标准。

在图 3-45 所示的 PTA1905 日 K 线 30 日均线示意中，当价格处在 30 日均线之上，并且 30 日均线的方向是开口向上的，这个时候我们应该积极地做多，当价格跌破 30 日均线但是 30 日均线还是开口向上的，我们应视为上升趋势将要下跌的前兆。此时如果我们持有多单就要减

图 3-45　PTA1905 日 K 线 30 日均线示意图

仓。当价格跌破 30 日均线而且 30 日均线也已经开口向下，我们应视为上涨趋势已经反转为下跌趋势，多单全部出局。

在图 3-46 所示的玻璃 1905 日 K 线 30 日均线示意中，当价格处在 30 日均线之下，并且 30 日均线的方向是开口向下的，这个时候我们应该积极地做空，当价格突破 30 日均线但是 30 日均线还是开口向下的，我们应视为下降趋势将要上涨的前兆。此时如果我们持有空单就要减仓。当价格突破 30 日均线而且 30 日均线也已经开口向上，我们应视为下跌趋势已经反转为上涨趋势，空单全部出局。

图 3-46 玻璃 1905 日 K 线 30 日均线示意图

通过以上几个实盘案例和大家讲解了如果通过均线作为趋势反转的标志，不一定要用 30 日均线，投资者可根据自己的习惯和需要将 30 日线变通为 20 日、25 日、35 日或 40 日等。但不管用哪一条均线作为趋势反转的参照物，都应坚持不懈地长期运用，切忌经常来回换。

从图 3-47 所示的 PTA1905 日 K 线 30 日均线示意中，我们可以直观地看出 20 日均线、30 日均线和 60 日均线作为趋势反转标志的利弊，

20 日均线可能会错过大行情，60 日均线可能会造成利润大幅回吐，所以我们取它们的中间值 30 日均线作为趋势反转的标准再合适不过了。

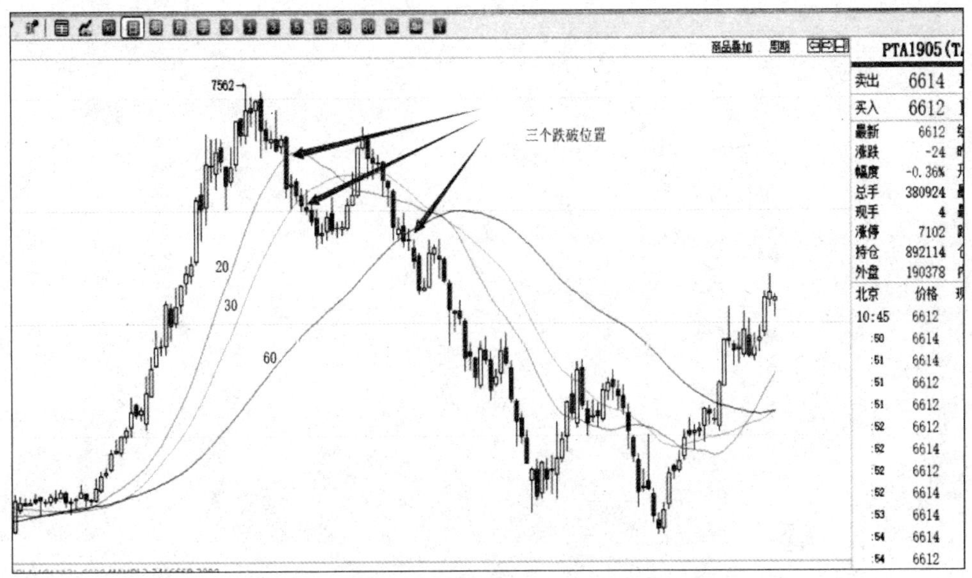

图 3-47　PTA1905 日 K 线 30 日均线示意图

第四章

期货大赛冠军资金翻倍的秘密

期货市场行情走势是无序的，更是混沌的，交易的成功与失败对于市场更像是概率性事件，没有人知道下一秒行情究竟会怎样，只能是顺着大的趋势捕捉高概率进场时机。如此一来，进场伴随的概率问题就成为投资者应该着重考量的问题之一了。但是世间万物皆有规律，期货行情走势也是如此，如何我们把每次进场的条件按照期货盈利单几个体征给它框框架架套上去，那么是不是每次的进场就增加了很多的成功率。在此笔者给大家总结了盈利翻倍单具备的四条原则，如果你每次进场能够严格遵循这四条原则，不盈利都难。

第一节　黄金618法则

黄金 618 法则也就是黄金分割。公元前 4 世纪，古希腊数学家欧多克索斯第一个系统研究了这一问题，并建立起比例理论。公元前 300 年前后欧几里得撰写《帕乔利》时吸收了欧多克索斯的研究成果，进一步系统论述了黄金分割，成为最早的有关黄金分割的论著。中世纪后，黄金分割被披上神秘的外衣，意大利数家帕乔利称中末比为神圣比例，并专门为此著书立说。德国天文学家开普勒称黄金分割为神圣分割。

到 19 世纪黄金分割这一名称才逐渐通行。黄金分割率有许多有趣的性质，人类对它的实际应用也很广泛。最著名的例子是优选学中的黄金分割法或 0.618 法，技术分析专家将该定律引用到股市、汇市和期货市场，来探讨价位变动的高低点，准确性相当高，所以沿用至今。

在图 4-1 所示的黄金分割示意中，价格下跌后的反弹价格打到了黄金分割的 0.382 和 0.618 价格都受到了阻力。黄金分割率最基本的公式，就是将 1 分割为 0.618 和 0.382，当空头行情结束，多头行情来临时，价格上涨影响价格上涨的因素很多，投资人可以做的就是依照黄金分割率计算可能出现的价格压力位，作为操作时的参考数据。

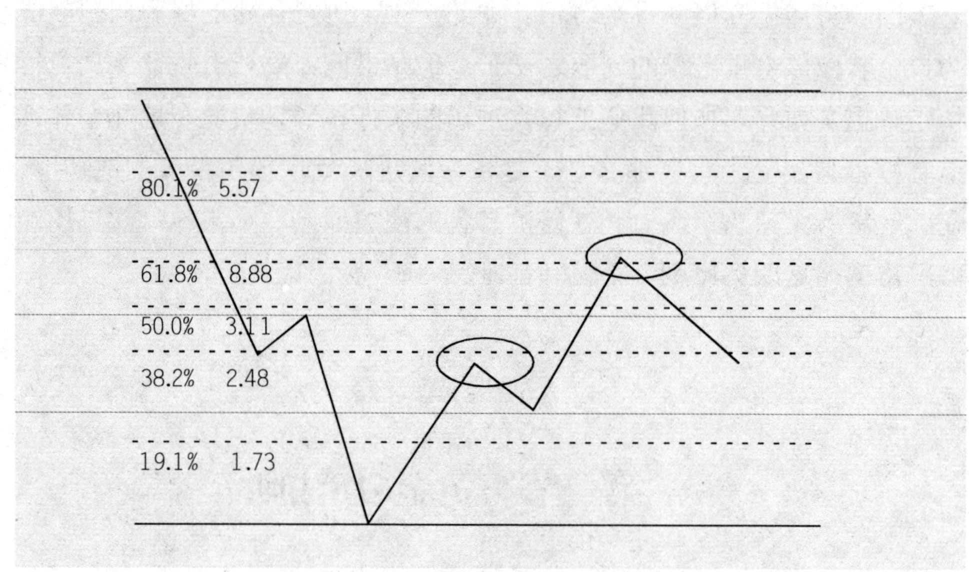

图 4-1 黄金分割示意图

当价格上涨时，它的涨势可能在上涨幅度接近或达到或超过 0.382 与 0.618 时出现滞涨。结合参考其他技术指标如均价线系统、K 线等其他技术指标或者技术，从上升的速度与持久性来分析，并依照黄金分割率分析出可能滞涨，并有可能下跌的重要点位。也就是说，当上升到接近或达到或超过 38.2%或者 61.8%时就会出现压力，有结束上涨行情开始反转下跌的可能。

通过这个黄金分割原理我们可以反推一下：如果上涨行情回调超过了黄金分割率的 61.8%，那么再次上涨的可能性就会大大的降低，如果价格下跌后反弹超过黄金分割率的 61.8%，那么再次下跌的可能性就大大降低。也就是说，61.8%是上涨中的回调或者下跌中的反弹最后一道防线，如果破了 61.8%，那么原有趋势可能不复存在。当笔者讲到这里大家应该明白为什么我要讲黄金 618 法则的原因了吧。

盈利翻倍具备的四条原则第一个原则就是：如果上涨行情出现回调做多的机会，我们只做买点在 61.8%内的行情，回调到 61.8%以下进场机会，尽量多看少动，因为回调得太厉害也证明了空头量能的强大。

在图 4-2 所示的沥青 1906 合约 2019 年 1 月 30 日 5 分钟走势中，价格经过了长期的筑底过程，最低点为 3132 后开始震荡上行，价格最高涨到 3276 后开始回落，如果行情回落到某一支撑位受到支撑，并且行情确实反转向上了，此时我们做多。首先看看此次回调是前一次从阶段性低点上涨到阶段性高点的百分之多少。这时我们就要用到百分百画线工具了，如果不会使用的或者不会设置百分百画线工具的投资者，可以联系笔者，只要回调不破前一次上涨行情的 61.8%，再次上涨的可能性就非常大，当然回调的幅度越小越好，回调 38.2%再次上涨的动能要强于回调到 61.8%，我们应该积极进场做多，不要错过最佳的进场时机。

图 4-2　沥青 1906 合约 2019 年 1 月 30 日 5 分钟走势图

在图 4-3 所示的 PP1905 合约 2019 年 1 月 25 日 5 分钟走势中，行情从阶段性的高点 8874 下跌到 8717 后出现了反弹，如果行情反弹到某一高点受到阻挡，并且行情多次上攻未果后转头向下，此时我们做空。首先看看此次反弹是前一次从阶段性高点下跌到阶段性低点的百分之多少，只要反弹不破前一次下跌行情的 61.8%，再次下跌的可能性就非常大，当然反弹的幅度越小越好，反弹到 38.2%再次下跌的动能要强于反弹到 61.8%，我们应该积极进场不要错过最佳的进场做空时机。

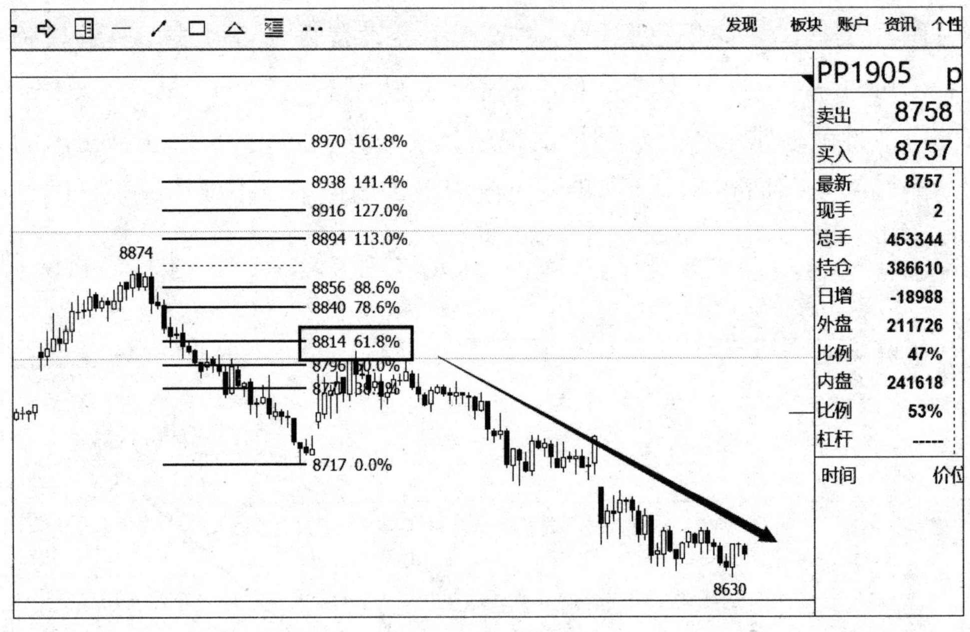

图 4-3 PP1905 合约 2019 年 1 月 25 日 5 分钟走势图

同时配合行情趋势反转重要特征的 K 线组合效果会更好，比如价格下跌后反弹到 38.2%附近出现了顶部的射击之星、倾盆大雨、黄昏之星等反转 K 线组合，那么下跌的可能性就更大，也可以看作黄金分割与反转 K 线组合的反转共振。如果价格回调或者反弹超过了前期上涨或者下跌的 61.8%会怎么样？我们看以下两个案例。

在图 4-4 所示的豆粕 1905 合约日 K 线走势中，此波行情从最低点 2720 上涨到阶段性的高点 3369 后出现了连续的回调，并且出现两个典型的底部 K 线形态，第一个圆圈处是底部的双底形态，第二个圆圈是底部的头肩底形态。上涨中的回调如果按照正常的 K 线技术出现这么明显的 K 线反转形态是完全可以进场做多了，但是此时我们发现这次回调的幅度已经远远超过了前期上涨的 61.8%，甚至跌破了 88.6%，从此波行情回调的力度可以看出空头量能之巨大。此时我们在盲目做多肯定是凶多吉少，我们看一下行情接下来的走势，回调后上攻无力行情出现了下跌行情。

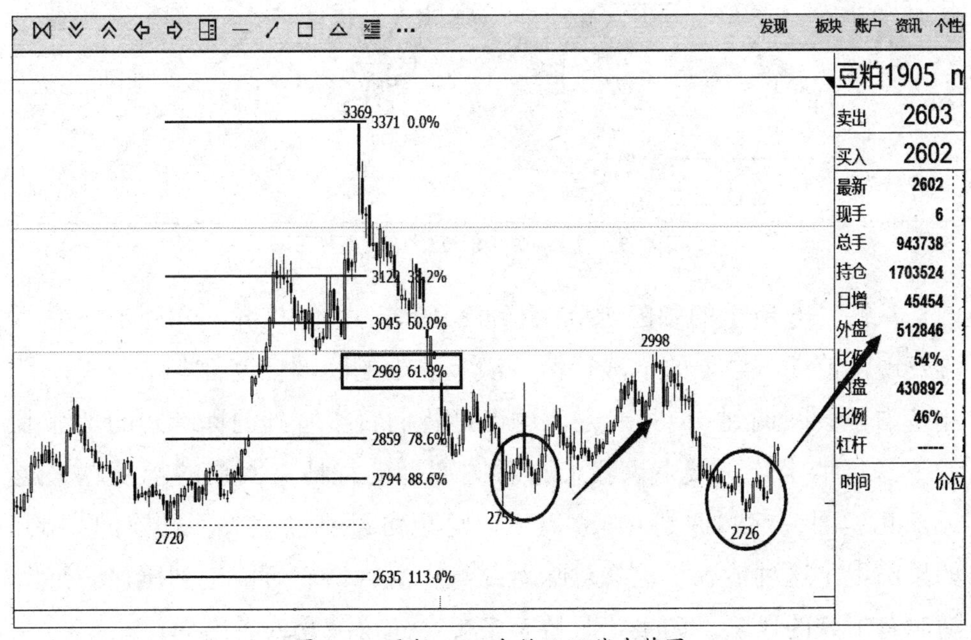

图 4-4 豆粕 1905 合约日 K 线走势图

在图 4-5 所示的豆粕 1905 合约日 K 线走势中，我们可以看到价格回调虽然出现了典型的底部反转 K线形态双底和头肩底，多头行情也一度出现反抗，但是由于回调的幅度太深，最终多头行情以失败告终。所以，我们在实际交易中一定留意 61.8%这个关键点位。也可以看做是多空的分水岭，上则多，下则空。如果在61.8%上进场做多，那么可以把61.8%作为一个止损的依据。如果一波好的上涨行情正常情况下的回调是不会回调到前期上涨的61.8%以下的。

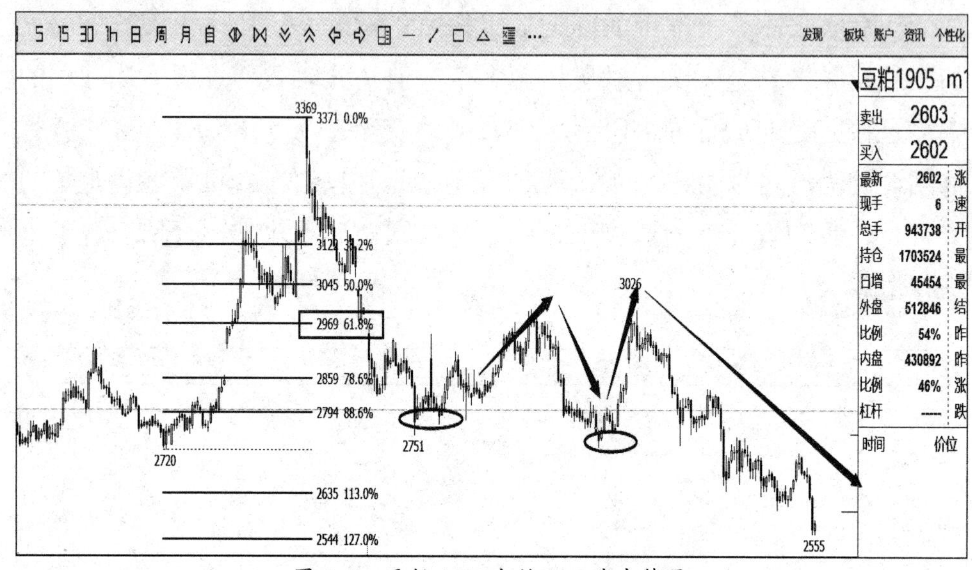

图4-5　豆粕1905合约日K线走势图

从图4-6所示的郑醇1905合约2019年1月30日5分钟走势中不难发现，前期方框处的上涨行情每次上涨中的回调幅度都非常的小，目测基本不会回调到61.8%下方。这也是我们希望看到的标准式的上涨或者下跌行情走势，接下来我们再看圆圈处的行情，回调的幅度越来越大，几次回调都回调到61.8%以下，这也可以看做空头下跌前的尝试。如果出现了这种情况，也就意味着此波上涨行情有可能走到尾声。行情随时有下跌的风险，如果此时持有多单，建议减仓或者出局。

上文讲解了黄金618法则的使用及注意事项，现总结为以下几点：

(1) 做反弹或者做回调行情尽量反弹或者回调不超过前段上涨或者下跌行情的61.8%。

(2) 如果在61.8%内做反弹或者回调行情尽量配合其他技术一起使用，比如K线反转组合或形态。各种技术指标的超买超卖等。

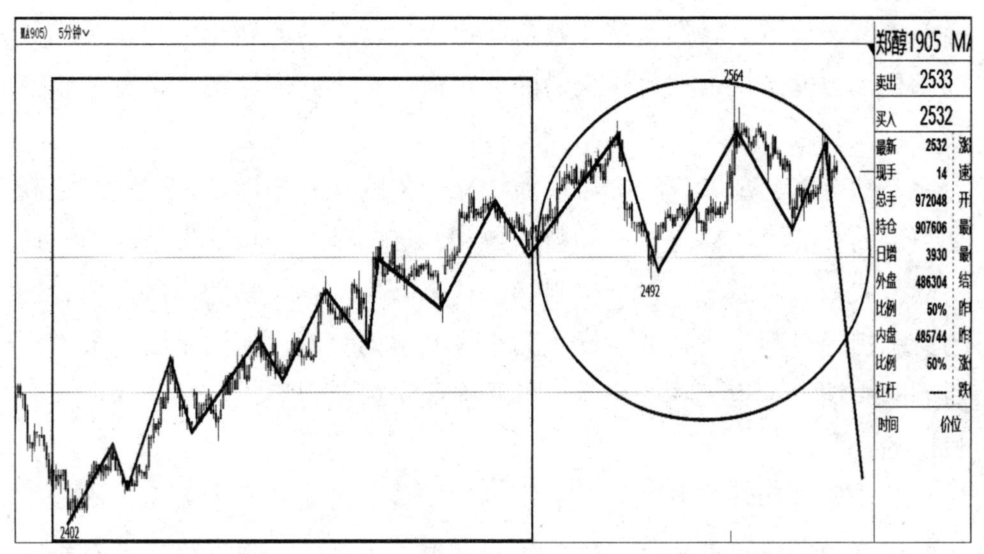

图 4-6　郑醇 1905 合约 2019 年 1 月 30 日 5 分钟走势图

(3) 上涨中的回调或者下跌中的反弹，回调或者反弹的幅度越小，行情再次启动的动能越大。

第二节　合理的盈亏比

本节给大家揭秘为什么期货实盘大赛冠军半年的比赛周期里面资金可以翻 N 倍，因为笔者本人及学员十几年来参加过各种期货实盘大赛十几次，冠军、季军等奖项也拿了不少，笔者非常了解能够在半年资金翻 N 倍的原因。

大多数投资者关注最多的是胜负比也就是成功的概率，很多投资者指的成功率是某一次操作可能成功的概率。而笔者理解的概率，是整个交易行为的概率，是总体的概率。不纠缠于某一次交易，着重于整体的概率。概率论告诉我们，整体收益取决于每次交易的期望值和交易次数的乘积。也就是说，在每次交易的期望值保持不变的情况下，整体收益和交易次数成正比。

当然有人会反驳说，你可以通过减少失败交易的次数，来达到提高期望值的目的，同样可以提高整体盈利。这的确是理想的做法，但不切实际，我们可以通过增加一些限制条件来减少亏损交易的次数，但我们为此承担的风险是失去能带给我们丰厚回报的交易，而这是我们最不愿看到的事情。承担失败的交易，就是抓住可以获得巨大成功交易所必须付出的代价。

其实笔者和学员参加过大大小小的期货实盘大赛可能有十几次，半年的比赛周期中从资金翻一倍到最高翻七倍多不等，很多投资者看到这里一定会说我们很厉害，交易成功率肯定非常高，其实资金能翻倍成功率固然重要，但是更重要的是盈亏比。下面用笔者和学员期货实盘大赛时的资金曲线给大家演示一下。

在图 4-7 所示的笔者 2013 年参加期货实盘大赛的资金曲线中，这次比赛资金翻了 5.33334 倍(证书见封皮)，但是在方框位置的交易日里

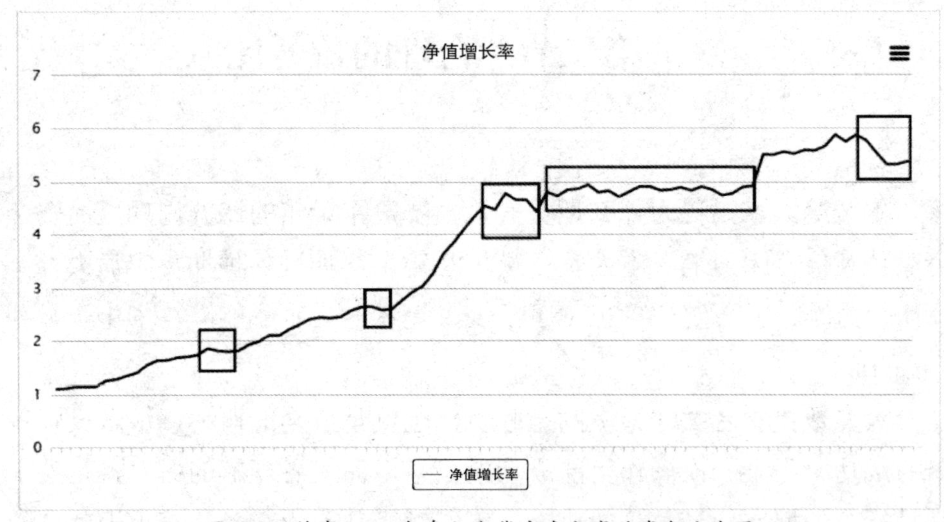

图 4-7　笔者 2013 年参加期货实盘大赛的资金曲线图

基本成功率大概 50%左右，方框外的交易日成功率大概是 60%多，这半年的比赛周期里基本成功率只在 60%左右，那么有的投资者会问了，那资金怎么做到半年资金翻 5.33334 倍的？翻倍的秘密就在于非常好的盈亏比，基本每次进场的盈亏比都能做到 3∶1 甚至更高。笔者进行每一次交易时，都很清楚每一次的交易都可能止损，失败是正常的。

因此，当笔者接受每一次交易失败的可能性这个事实之后，就会想方设法去控制亏损(设立严格的止损)。每一次交易笔者最关心的是尽可能少亏，少亏就是胜利。奇怪的是，一旦你把注意力集中到如何减少亏损之后，亏损做到控制在最小范围内，但是盈利空间每次都是尽量无限地放大，让利润最大化，利润就不请自来了。长期按照这种交易理念严格去执行，自然而然就做到了资金稳定增长的目的。

在图 4-8 所示的笔者指导学员参加 2013 年期货实盘大赛的资金曲线中，方框处的交易日同样是成功率不超过 50%，而且这个学员半年的比赛周期中的总成功率不到 50%，但是也做到了资金翻 3.47 倍(证书见封皮)。可能有不少朋友曾经与笔者一样忽视了盈亏比，苦苦追求一些高准确率的操作技巧，但是单纯的成功率却不是稳定获利的唯一条件，只有

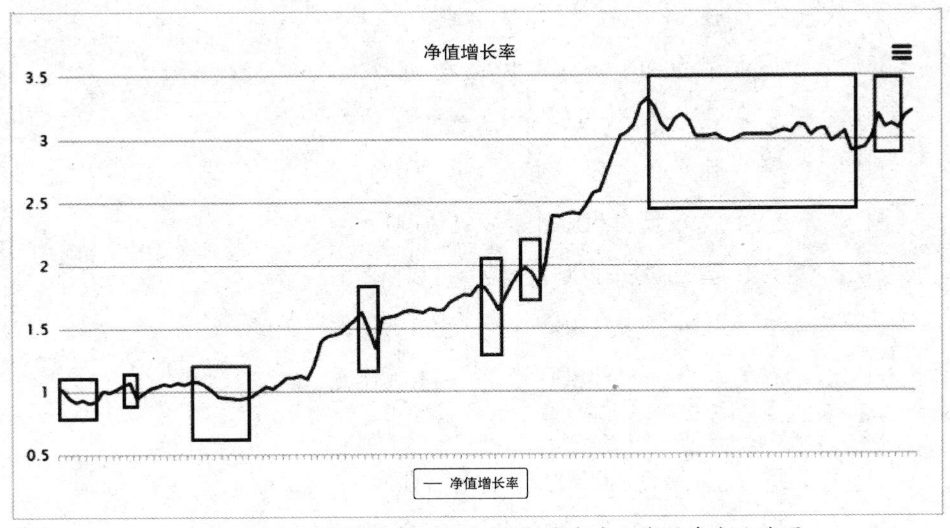

图 4-8 笔者指导学员参加 2013 年期货实盘大赛的资金曲线图

胜算加盈亏比都达到了理想值才可能在这个市场中做到稳定获利。

我们尝试用概率来说明问题，假设行情不是升就是跌，我们每天用抛硬币的方法来做交易，但止损与止赢分别为 30 点及 90 点。抛硬币的概率为 50%，估计大家无异议，我们操作 100 次，则可能亏损的资金为 30×50%×100＝100；我们可能盈利的资金为 90×50%×100＝450。而且最重要的一点是，假如我们亏损了三次，但只要一次盈利，我们就可以回本。这样的道理太明白不过了。通过以上我们知道了，在交易中资金管理及盈亏比才是最重要的，胜率反而是次要的。

所以，我们去追求高胜率实际是毫无意义的做法，10 次交易中 9 次盈利 1 次亏损，这样的成功率你羡慕吧，但是每次盈利都是 10 个点，而亏损的那次却是 200 个点，这样的成功率还是亏，为什么？这就是盈亏比出现了问题。

下面笔者再举一个低胜算但是赢钱的例子，就按盈亏比 3∶1 来看一下交易 10 次的盈亏情况，假如我们以每次交易就做一手某合约为例，每次盈利 300 个点，每个点 10 元钱，也就是每次盈利 3000 元。每次止损 100 个点，每个点 10 元钱，也就是每次亏损 1000 元。

10 次交易 0 胜 10 负：-1000 个点 =-10000 元

10 次交易 1 胜 9 负：-700 个点 =-700 元

10 次交易 2 胜 8 负：-200 个点 =-2000 元

10 次交易 3 胜 7 负：200 个点 =2000 元

10 次交易 4 胜 6 负：600 个点 =10000 元

10 次交易 5 胜 5 负：1000 个点 =10000 元

10 次交易 6 胜 4 负：1400 个点 =14000 元

10 次交易 7 胜 3 负：1800 个点 =18000 元

10 次交易 8 胜 2 负：2200 个点 =22000 元

10 次交易 9 胜 1 负：2600 个点 =26000 元

10 次交易 10 胜 0 负：3000 个点 =30000 元

这是理论上的数据，如果去掉点差和手续费的成本只要盈亏比达到3∶1以上，能做到3胜7负的成功率就可以保本了。据交易成功率的统计，一般一年下来哪怕做到成功率只有30%，也可以做到稳定获利，像经济大鳄索罗斯、股神巴菲特他们的胜率也就在30%左右，但是他们为什么能做到资金长期稳定增长?就是盈亏比做得很好，何况我们这些小散呢?

实际操作中，价格的亏损可以通过使用止损来控制，但盈利多少是控制不了的，这就出现个问题，怎么实现3∶1的盈亏比呢?答案只有一个，那就是把盈利的单子拿住，直到它到达预期止盈位或价格回撤到一定幅度就落袋为安。所以我们每次进场一定要算好盈亏比，不求每次盈亏比都是3∶1甚至更高，起码每次进场的盈亏比要在2∶1以上。那么如何在实际交易中去判断每次的盈亏比呢?

在图4-9所示的玉米1905合约2019年1月29日5分钟走势中，价格上突破无力后跌破了前期低点，当我们打算进场做空的时候，首先看一下这笔单子最少要用多少个点来止损，假如我们用前期的高点

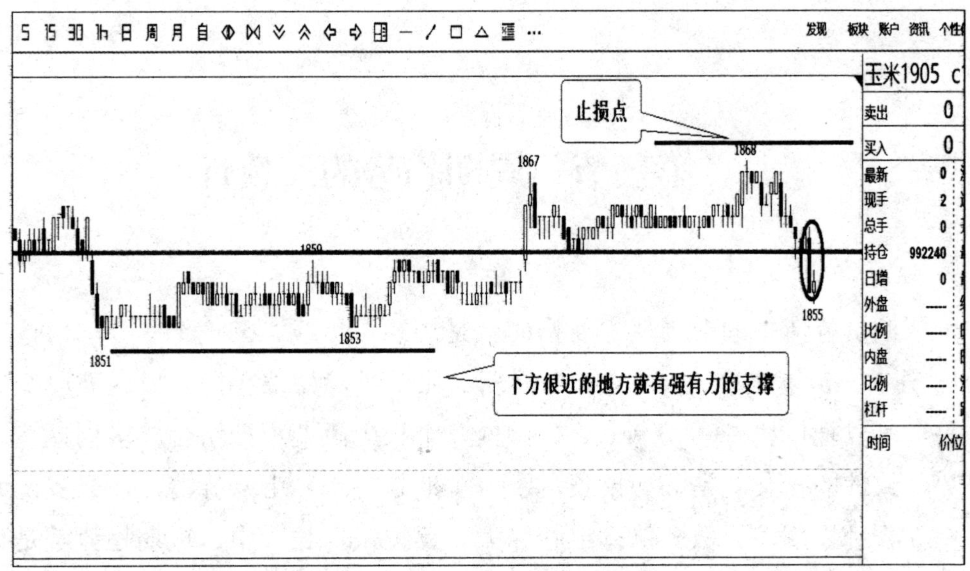

图4-9　玉米1905合约2019年1月29日5分钟走势图

1868 作为这笔空单的止损依据，此时如果进场做空，当前的价格是 1855，那么用 1868 减去 1855。也就是这笔单子不算点差，不算滑点，不算手续费也要 13 个点来止损。

最低的止损点我们知道了，那么我们再看一下如果进场做空第一止盈点位在哪里，我们用做止盈点位的通常是前方的压力位或者支撑位、重要的整数关口、黄金分割率等可能会给行情前进带来阻力的点位。我们再看一下如图 4-9 所示的 5 分钟走势，下方在前期低点 1851～1853 有很强的支撑。那么，这边下跌行情第一止盈点位就是 1851 这个位置。我们 1855 进场做空，止盈在 1851 只有 4 个点的盈利空间，而止损却需要 13 个点，这显然不是一笔划算的买卖。所以，我们遇到这种盈亏比严重不匹配的交易，尽量不去操作，即使操作了也是亏多赢少不划算。一定要记住，每当你发现进场机会，首先要去测一下它的盈亏比，划算就做，不划算观望。

以上笔者通过数据以及真实案例和大家讲解了盈亏比在期货交易中的重要性，这也是期货实盘大赛冠军经常资金成功翻 N 倍最主要的原因。

第三节　周期趋势的一致性

期货行情中的多周期主要指的就是周线、日线、60 分钟、30 分钟、15 分钟、5 分钟、3 分钟这 7 个周期。比如说，如果我们做日内波段交易，可以把日线、60 分钟、5 分钟做一个长中段期周期组合。多周期趋势一致性的含义就是，如果长、中、短期趋势都是上涨行情，那么我们在 5 分钟周期里面做多单肯定胜算大。反过来，长、中、短期趋势都是下降行情，那么我们在 5 分钟周期里面做空单肯定胜算也大。

在图 4-10 所示的橡胶 1905 合约 2019 年 1 月 29 日多周期走势中，当我们发现橡胶日线走势、60 分钟走势和 5 分钟走势中都是上涨行情，那么如果我们以 5 分钟为进场周期，今天的行情只能做多为主。笔者基本碰到这种长、中、短三个周期同向上涨的行情，绝对不会做空单，这种行情去盲目地摸顶只有死路一条。切勿刚愎自用。市场永远是对的，首先应敬畏市场，敬畏市场不是畏惧市场，而是学习不止，只有不断学习，成功的大门才会为你而开。不要自以为是，认为市场应跟着自己走。交易上应适可而止，严格按照顺势交易的原则，在买卖信号出现后应落袋为安，不宜贪得无厌。

图 4-10 橡胶 1905 合约 2019 年 2 月 14 日多周期走势图

在图 4-11 所示的沥青 1906 合约 2019 年 2 月 14 日多周期走势中，当我们发现沥青日线走势、60 分钟走势和 5 分钟走势中都是上涨行情，那么如果我们以 5 分钟为进场周期，今天的行情只能做多为主。顺势而为是投资者交易中首要的分析工作，把握趋势静待顶底组合 K 线形态或均线出现发散状态或者通过其他技术图形的出现顺势进场，不宜自作聪明抄底摸顶。

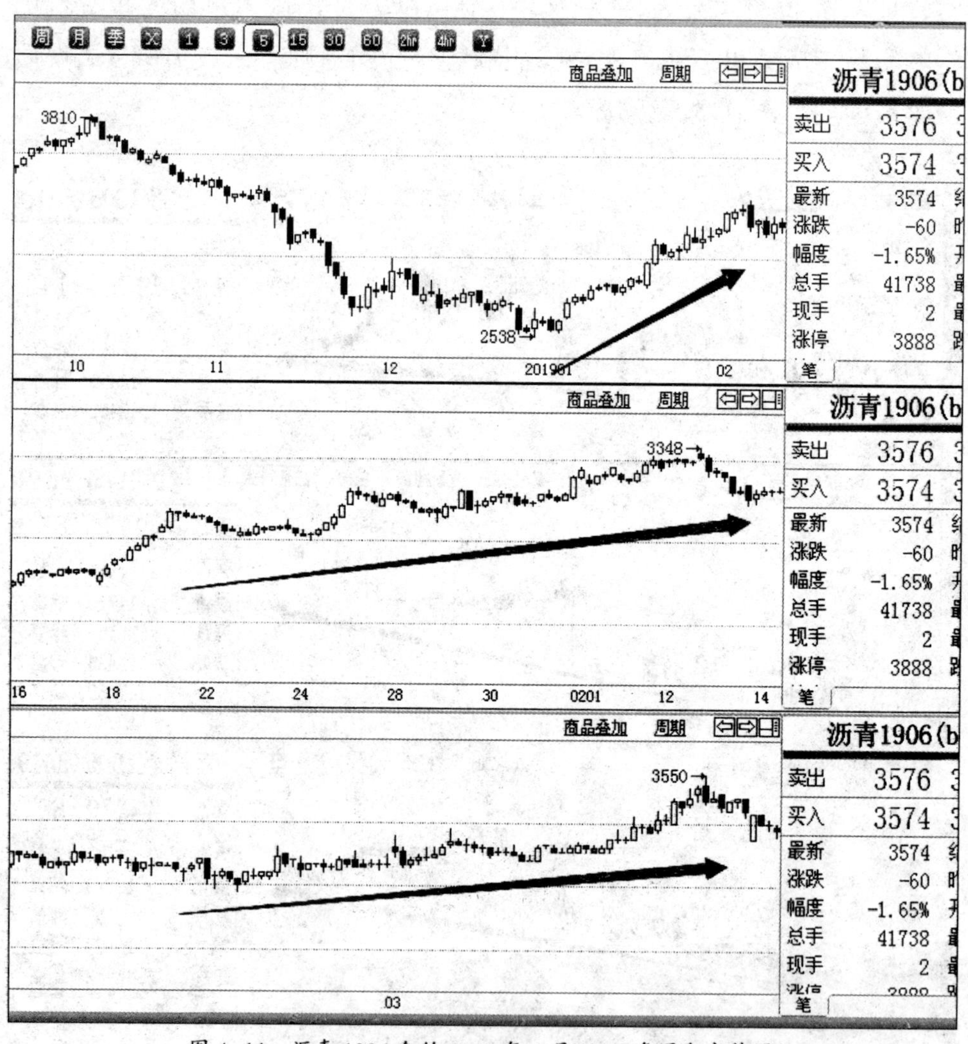

图 4-11 沥青 1906 合约 2019 年 2 月 14 日多周期走势图

在图 4-12 所示的沪铜 1904 合约 2019 年 2 月 18 日多周期走势中，日线走势、60 分钟走势和 5 分钟走势中都是上涨行情，那么如果我们以 5 分钟为进场周期，今天的行情只能做多为主。对物极必反还是顺势而为的探索永无止境。善猎者必善等待，等待在交易中至关重要，在趋势不清时，在盈利过程中都需要等待，耐心地观察分析每一个可能的拐点，等待时机的出现。形象地说：静若处子，动如脱兔，时机一到果断出手，机会是留给有准备的人的，机会是等出来的，而不是创造出来的。

图 4-12 沪铜 1904 合约 2019 年 2 月 18 日多周期走势图

在图 4-123 所示的 PP1905 合约 2019 年 2 月 18 日多周期走势中，我们发现日线周期是上涨行情，而 60 分钟周期和 5 分钟周期却是下跌行情，很多投资者问过笔者如果找不到长、中、短期同趋势的时候，只有其中两个趋势同向，类似于如图 4-12 所示的走势，如何操作？在实际交易中确实有的时候无法做到长、中、短期均线同向趋势，一般来

图 4-13　PP1905 合约 2019 年 2 月 18 日多周期走势图

说，一个合约如果长、中、短期中有两个周期能够同向，就可以考虑进场去做了，两个周期的运行方向就是做单的方向，PP1905合约我们就可以做空为主。当然两个周期同向趋势肯定没有三个周期同向趋势胜算大，那么我们就要尽量轻仓进场。做期货交易有自己的交易策略和交易系统，并且严格执行，不管策略好与坏必须要有，这样也是交易思路，在整个交易过程中，不断完善交易系统以及策略思路才能长期在这个市场走下去。

第四节　不可小看的联动性

在期货交易中不能你做什么品种就只看这一个品种，一定要留意和它相关的品种走势。所谓相关，要么具有替代性，要么具有互补性，要么属于产业链上下游，还有一种具有统计上的相关性。笔者觉得在期货交易中合理地运用相关品种的联动性分析行情，不亚于技术分析和资金管理，甚至更具技术含量。期货交易与股票交易的差别较大，对于新手来说，从期货中的品种联动性把握大趋势建立大局观，会让你向成功更近一步。下面笔者通过一个实例简单地讲一下期货交易中的联动性。

我们就以现在最热门的黑色系品种为例和大家讲解一下，在图4-14所示的黑色系四个品种2019年2月14日5分钟K线走势中，其中铁矿、焦炭、热卷是典型的上涨行情，螺纹属于震荡行情。如果我们在实际交易中发现同类相关联品种普遍上涨，那么我们就找出其中最强的品种进场做多；如果我们在交易中发现同类相关联品种普遍下跌，那么我们就找出其中最弱的品种进场做空。如何找出同类品种中领头羊品种的分析方法，在笔者的《期货日内短线复利密码》一书中有详细的讲

图 4-14　黑色系四个品种 2019 年 2 月 14 日 5 分钟 K 线走势图

解，这里就不作太多的阐述。

金属、化工、油脂、农产品，股指等品种的联动性都按照这种方法来分析就可以了，关键的是认准一种分析方法要严格执行，执行在险象环生的期货市场上无论怎么强调都不过分，它是决定我们成败的最关键环节。所谓“知易行难”，难就难在盈利与亏损的取舍，情感与理性的对决，不好的执行总会找到理由，知道而没有做到就会使我们经常后悔，使我们饱受煎熬，使我们走向失败。

据统计，当信号出现时，能够连续 20 次执行无误的，不超过 20%，而连续 100 次正确执行的，不超过 1%。做才是最重要的。执行力才是交易成败的分水岭，也是决定职业和业余的评判标准，职业操盘手并不一定有多么丰富的期货知识、有多样化的技术，也不一定都是高学历，其实职业操盘手和业余散户的不同点就是执行力。一个人一时遵守交易原则很容易，难就难在用一生去坚持原则。

执行力是一切的关键，执行能力只能从执行中获得，不可能通过思考获得。只有把技术和执行力结合起来，我们才能拥有知行合一的能力，你才能真正强大！知行合一，钢铁般的纪律，是一致性策略的前提，是步入交易成功的不二法门。

第五章

四种做多战法

第一节 空中铁锤做多法

空中铁锤做多法适合用于上涨途中的追涨行情，很多投资者喜欢追涨杀跌，但不是所有行情都可以去追涨杀跌，追涨杀跌一定要做到进场有依，这样才可能有的放矢，才能通过追涨杀跌的方法赚到钱。空中铁锤做多法的基本定义是：价格一路上涨，在上涨的途中或者上涨中回调的低点出现了一个锤头线形态，我们就可以通过K线理论里面底部的锤头线使用方法进场做多。笔者在实际交易中使用得非常多，盈利效果也非常不错。

在图5-1所示的黄豆二号1905合约2019年2月11日5分钟走势中，价格一路上涨，在上涨的途中出现了一个锤头线形态，为什么笔者

图5-1 黄豆二号1905合约2019年2月11日5分钟走势图

给这个战法起名叫“空中铁锤做多法”，就是上涨途中出现了锤头线，所以形象地叫做“空中铁锤做多法”。主要是便于大家记住，以后一听到空中铁锤马上就联想到上涨途中出现锤头线。当我们发现在上涨的途中出现了一个锤头线形态，我们就可以以这个锤头线为进场的依据进场做多。锤头线的具体使用方法笔者在第三章作了详细的讲解。这里强调一点做多行情一定要结合量能，量价齐升才是最健康的上涨行情。

在图 5-2 所示的玻璃 1905 合约日 K 线走势中，价格触底后出现了反转上涨行情，我们不难发现，在这段上涨行情中出现了几个上涨途中的锤头线形态，如果在上涨行情已经确定的基础上，如何确定趋势笔者在第四章给大家作了讲解。每次出现锤头线我们都进场做多，是不是基本每次都可以做到盈利呀？其实期货交易并不难，难就难在严格执行自己的交易计划，严格按照自己的交易系统来进出场。很多时候当行情走

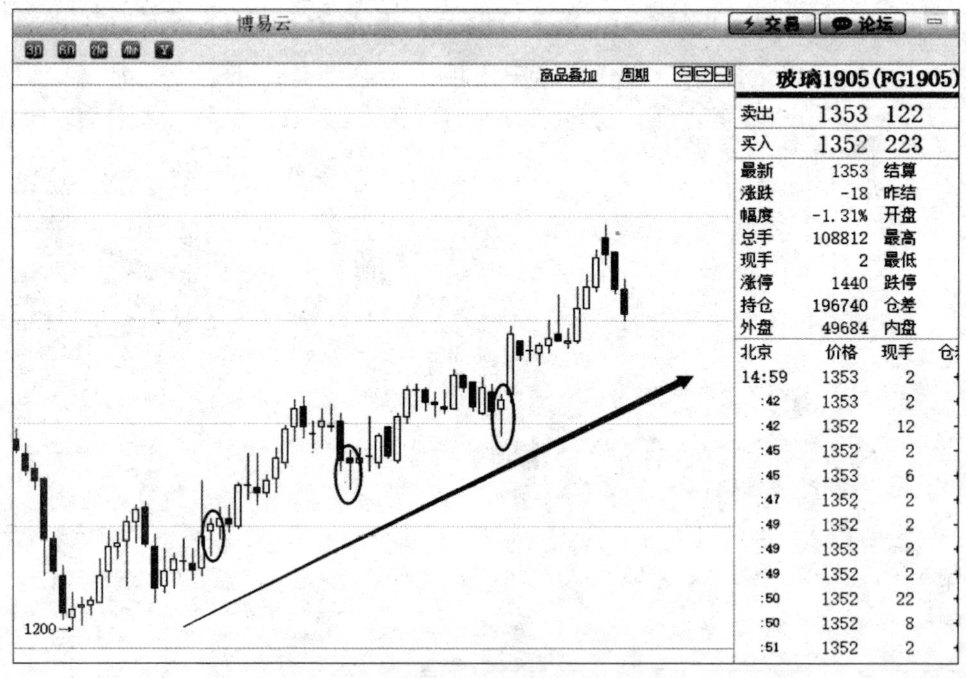

图 5-2 玻璃 1905 合约日 K 线走势图

完了我们才发现，当时能够严格按照预定的交易计划去严格执行每一笔交易，是不是能够获利呢？很多期货交易者是开盘前头脑清晰，开盘后马上被行情带进去了，开盘前都能理性地去分析行情做好交易计划，也打算严格执行拟定的交易计划，但是一开盘就又被行情带进去交易得一塌糊涂，所以我们在交易中要制订交易计划，同时也要能严格地去执行。

在图 5-3 所示的 IF1903 合约 2019 年 1 月 31 日 60 分钟走势中，价格一路下跌触底后低点在不断地抬高，低点不断地被抬高本来就是判断多头量能越来越强，是行情有可能由空转多的重要标准。此时当我们发现一个锤头线形态，就可以根据这根锤头线进场做多，一定要记住，每次进场一定要用多种进场条件共同来判断行情。通过多种技术分析都判断行情将要上涨，做多条件越多行情上涨的可能性越大。

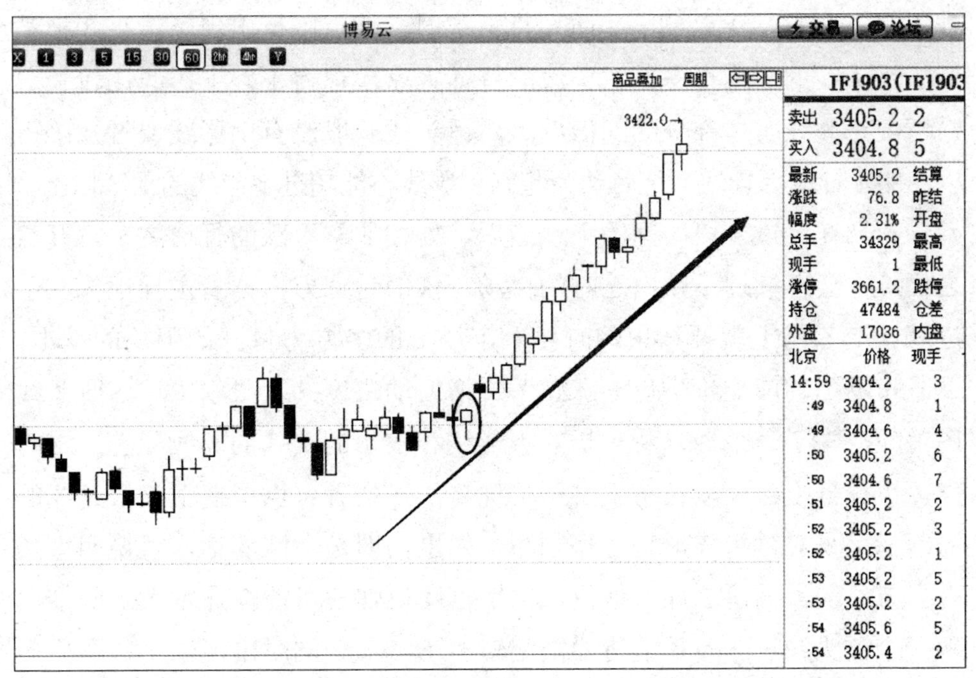

图 5-3 IF1903 合约 2019 年 1 月 31 日 60 分钟走势图

第二节　童子拜佛做多法

童子拜佛做多法的基本形态是行情在阶段性的底部出现三根以上的锤头线K线形态，三个下影线像三炷香一样，取其意为“童子拜佛做多法”。适合用于5分钟周期以上使用，1分钟行情不建议使用，因为1分钟周期的K线上、下影线太多，不利于童子拜佛做多法买卖点形态的确定与分析。而童子拜佛做多法正好是要通过顶底K线的上、下影线的形态来决定进出场信号的，所以1分钟周期走势中太多的上、下影线会出现过多的假信号，反而阻碍了我们判断真行情的到来。童子拜佛做多法基本技术形态是行情下跌到一个阶段性低点时，低点附近出现了最少3根类似于锤头线的K线形态，锤头线的特征大家还记得不？下影线比较长通常情况是K线实体部分的两倍以上，锤头线一般没有上影线或者几乎可以忽略不计的上影线，笔者认为起码上影线不能超过下影线的1/3以上。

市场在经过一段时间的下跌之后，处在非常看跌的行情之中，开盘之后价格会继续地下跌。这时的市场，依旧是空方占据着主导地位。不过就在交易马上就要结束的时候，市场上的多方力量开始强势的反击，并且市场上的成交价格也会涨到了价格波动幅度的上限水平。这时K线图上便产生了一个拥有着较长的下影线和较小的实体的K线形态。这时候，市场多方已经取代空方占据了优势，投资者可以根据下一根K线的涨跌情况来对锤头线形状进行判断。如果仍旧是上涨的话，就说明市场上多方已经占据了主导的地位，价格触底反弹的可能性非常大。底部出现一个锤头线意味着行情将要由空转多了，那么同时出现三个甚至更多的锤头线呢？

在图 5-4 所示的纤维板 1903 合约 2019 年 1 月 13 日 5 分钟走势中，价格一路下跌，跌到一个阶段性的低点(圆圈处)出现了三个类似底部锤头线的 K 线形态，那么我们就可以看做行情有可能由空转多，此时我们可以通过这个底部 K 线形态进场做多。我们再看看图中方框的位置，是不是也有两个锤头线组成的底部，只是少了一根锤头线，力度不够。童子拜佛做多法不单单可以在底部使用，同样也可以像空中铁锤做多法一样在上涨途中回调使用，效果好于空中铁锤做多法。

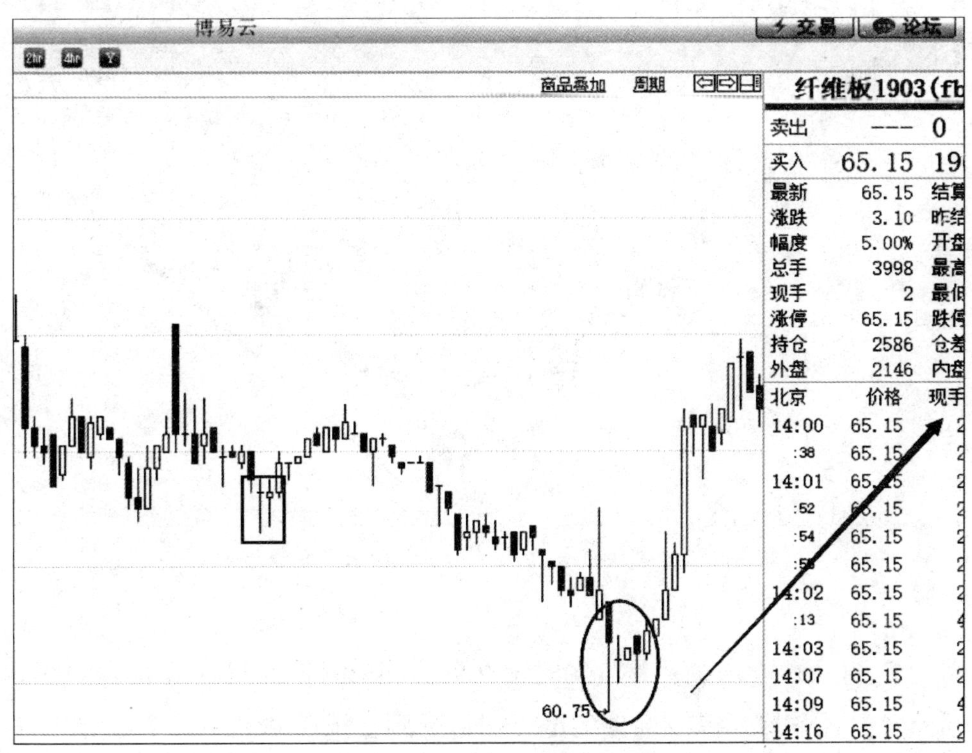

图 5-4 纤维板 1903 合约 2019 年 1 月 13 日 5 分钟走势图

在图 5-5 所示的沪铜 1903 合约 2019 年 2 月 12 日 5 分钟走势中，行情经过了五浪下跌，在行情阶段性的底部出现了连续三个类似于底部锤头线的形态，当我们发现出现了三个类似于底部锤头线形态，我们就可以把它当做底部的童子拜佛进场做多。大家也可以通过波浪理论先判断出行情已经走完五浪行情（波浪理论技术详见我的《期货日内短线复利密码》一书），然后用波浪理论和童子拜佛做多法相配合着操作胜算更大。

图 5-5　沪铜 1903 合约 2019 年 2 月 12 日 5 分钟走势图

在图 5-6 所示的甲醇 1905 合约 2019 年 2 月 13 日 5 分钟走势中，价格第二次探底后跌到前期的低点附近受到支撑，并且第二个低点是由多个类似于底部锤头线组成，笔者之前讲过，底部的童子拜佛做多法形态中锤头线形态越多，行情由空转多的可能性就越大。大家一定要记住这一点。如果此时成交量也能随之增多，那么可信度就更高，任何做多的进场都要有量能的配合。

图 5-6　甲醇 1905 合约 2019 年 2 月 13 日 5 分钟走势图

第三节　三试探做多法

笔者的第一部期货著作《期货日内短线复利密码》上市后收到很多读者的短信，很多投资者在实际交易中经常用到各种技术指标来分析行情，但是传统的技术指标用法并不好用，希望在今后的著作中笔者也能加一些关于职业操盘手如何运用技术指标来分析行情的技术知识。其实笔者本人包括我公司旗下的期货工作室的操盘手，大部分都是通过 K 线作为分析行情的基础来交易，指标只是附属配合 K 线技术来分析行情的，传统的指标用法因为太多人知道如何使用，所以真正运用起来确实很难做到对交易有帮助，但是如果大家能用不同的使用方法来合理地利用各种技术指标，可能会收到意想不到的效果。既然广大读者有这个需求，那么笔者下面就给大家讲一下布林通道三试探做多法，尽量满足有不同需求的读者，这种方法也是我们公司旗下工作室操盘手常用到的布林通道使用手法。

我们首先了解一下布林通道指标，布林通道虽然简单但如何运用却博大精深，简简单单的三条线却能清晰地表现目前行情的状态，到底是上涨还是下跌，是即将进入震荡还是行情即将来临，这让人们充满好奇。

我们首先来简单地介绍下布林通道的构成，布林通道由上、中、下轨构成，中轨就是简单移动平均线，一般选用 20 日均线，上、下轨通过中轨加减 2 倍标准差计算出来。标准差是布林线指标核心，其计算公式如下：

$$б = \sqrt{\frac{\sum (x_i - \mu)^2}{N}}$$

式中：

б——标准差；

x——当前价格；

μ——均线的价格；

и——计算周期。

我们总爱用趋势和震荡来描述当前行情的状态，如果用布林通道的状态来描述当前行情状态的话，就是收口和走平可以归结震荡行情，开口和三轨同向可以归结为趋势行情。行情总是涨涨停停，当布林线开口之后，市场总要进行修正整理，这就是收口。三轨同向和走平又是如何解读呢，或者说是怎么形成的呢？秘密在于中轨当布林线收口后，中轨如能提供支撑或阻挡行情将有趋势运行。如果中轨不能有效地支撑阻力，那么价格会围绕中轨展开震荡整理，继续收口直至走平。布林通道技术博大精深，因而，笔者不可能在这里将成套的布林通道理论和体系全部阐述和解析，布林通道技术需要我们不断深入研究，只有这样我们才有可能探索出更多的投资锦囊。

下面笔者先和大家讲一下三试探做多法的基本形态，确切地说，布林通道三试探做多法是在行情处于横盘阶段如何通过布林通道指标发现行情启动点，当我们发现布林通道开始收口和走平，并且K线行情走势趋于平稳，就意味着行情进入了典型的窄幅震荡无趋势行情。震荡行情中价格触碰上轨或者下轨哪个越多，向哪个方向突破的可能性越大。

在图5-7所示的橡胶1905合约2019年2月13日5分钟走势中，价格出现了横盘整理，从布林通道的收口和走平也可以判断出行情已经进入震荡行情。此时价格最少二次触碰布林通道的上轨，而且在第三次触碰布林通道上轨的时候能够突破前高点，突破的同时成交量能够有效地放大，上涨的可能性就更大。此时我们可以积极进场做多，用布林通道的上轨和中轨持仓即可。

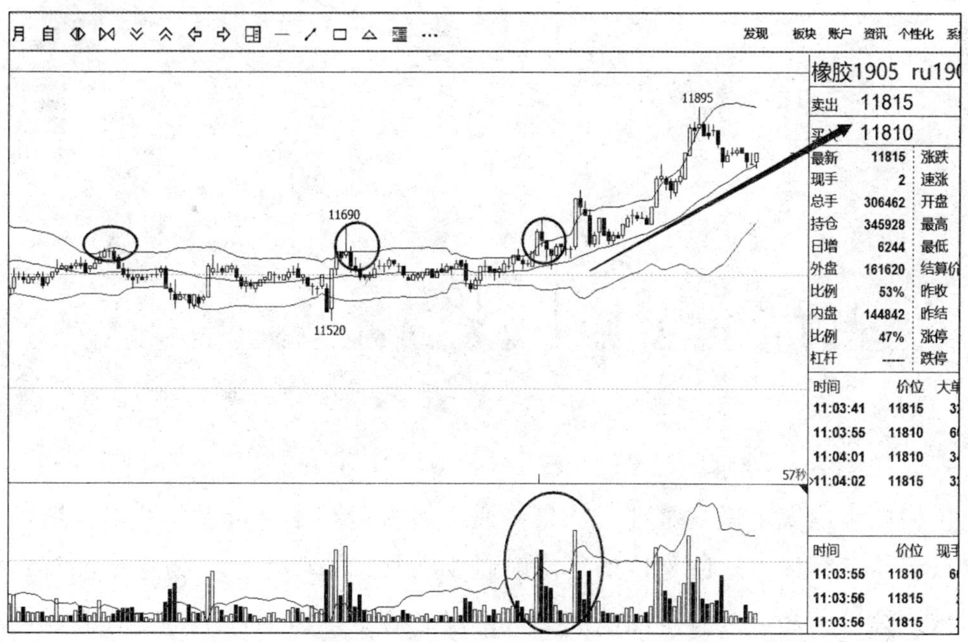

图5-7 橡胶1905合约2019年2月13日5分钟走势图

在图 5-8 所示的豆一 1905 合约 2019 年 2 月 1 日 5 分钟走势中，价格同样出现了横盘整理，从布林通道的收口和走平可以判断出行情已经进入了震荡行情。价格曾经三次触碰布林通道上轨，但是我们发现第三次触碰布林通道上轨的时候，价格并没有有效地突破前期的高点，并且成交量也没有有效地放大。不符合我们三试探做多法的进场要求，当价格第四次触碰布林通道的上轨，而且在第四次触碰布林通道上轨的时候能够突破前高点，突破的同时成交量能够有效地放大，上涨的可能性就更大。此时我们可以积极进场做多，还是用布林通道的上轨和中轨作为持仓的理由即可。

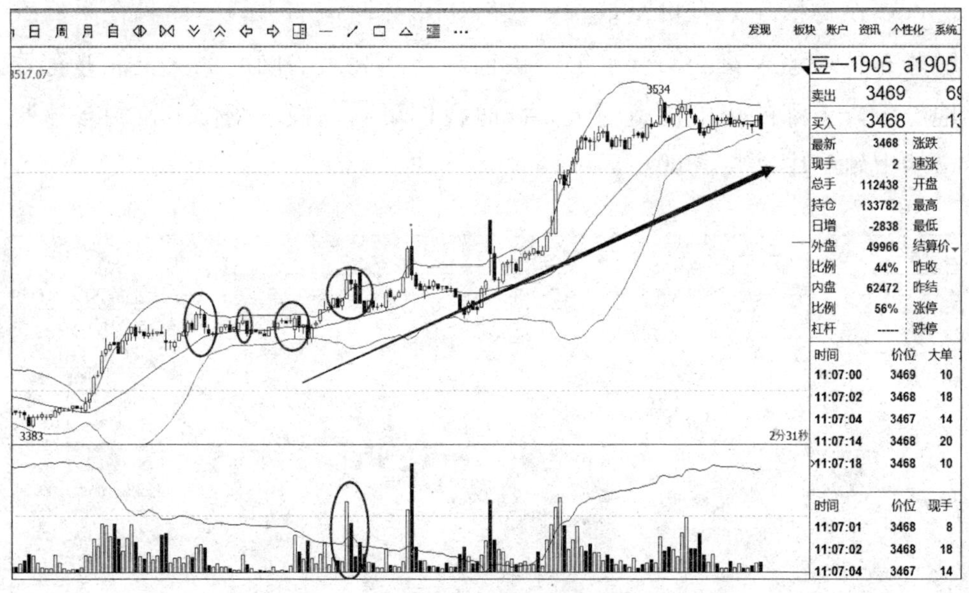

图 5-8 豆一 1905 合约 2019 年 2 月 1 日 5 分钟走势图

在图 5-9 所示的菜粕 1905 合约 2019 年 1 月 30 日 5 分钟走势中，价格同样出现了横盘整理，从布林通道的收口和走平可以判断出行情进入了震荡行情。这回是价格多次触碰到布林通道的上轨，但是都没有有效地突破前高，并且下面的成交量都没有有效地放大，不符合我们进场做多的条件，我们只能观望。最后一个圆圈处价格再次触碰布林通道上轨的时候能够突破前高点，突破的同时成交量能够有效地放大，我们才判断行情突破有效。此时我们可以积极进场做多，还是用布林通道的上轨和中轨作为持仓的理由即可。

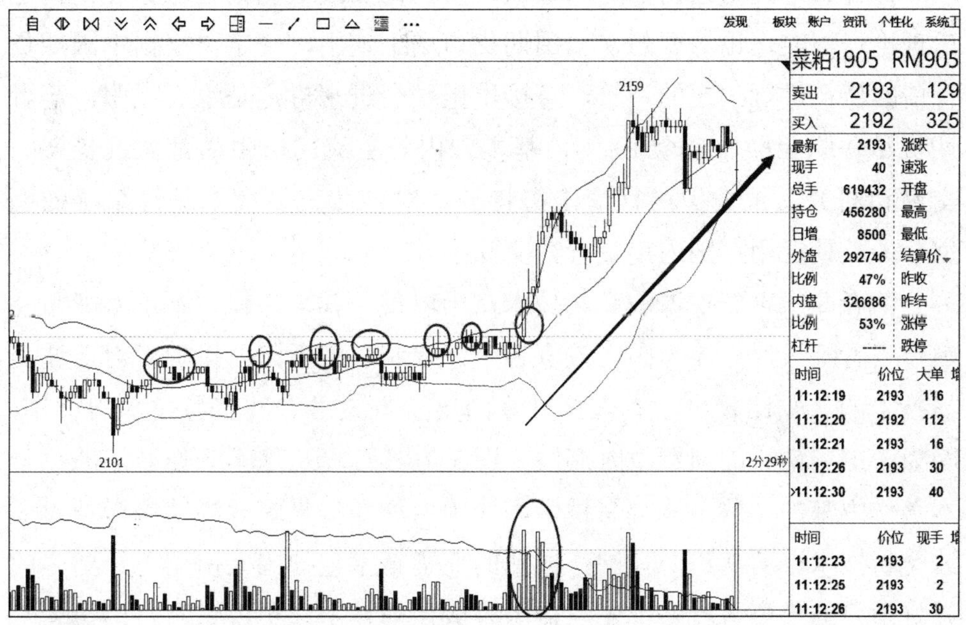

图 5-9 菜粕 1905 合约 2019 年 1 月 30 日 5 分钟走势图

第四节 谐波交易之三推进陷阱做多法

首先和大家讲一下什么是谐波交易技术：谐波交易技术源于国外，在欧美、日本、韩国、新加坡以及中国香港等地的股票、期货、外汇等金融衍生品市场交易中运用非常广泛，也就是说，只要在有 K 线的地方，谐波都能发挥得淋漓尽致，技术也非常成熟。但是目前在我们国内还没怎么起步，使用者非常少，大家对它的认知也非常少。可能很多投资者知道有这个技术，也曾看过相关的书籍或者从网上搜索一些相关知识来学习，照葫芦画瓢按照数值生搬硬套地去使用，但是效果非常不好，导致无法通过谐波交易技术真正地在国内期货中获利。

为什么？因为任何国外的成熟技术，比如波浪理论、江恩理论、道氏理论、混沌理论等要想在中国期货市场上使用，一定要根据中国期货行情的特征进行一定的调整，直接生搬硬套进来肯定是水土不服。笔者期货私募职业操盘至今 19 年，基本国内外主流的衍生品都做过长期的交易和研究，根据国内行情走势特征，对谐波交易技术进行系统的调整，并长期运用在国内期货行情交易中。

笔者非常希望把谐波交易技术在国内推广开来，让它不单单能帮外国投资者赚钱，也能为国内投资者带来福利。由于国内投资者对谐波交易技术的认知比较少，本来打算专门出一本关于谐波交易技术的著作，因为考虑到销量的问题暂时搁浅。但是笔者打算从这本著作开始的每一本著作中都加一些谐波交易技术，让国内的期货投资者能够慢慢地对谐波交易技术有所认识，让国外成熟的期货技术也被国人所用，让更多的爱好学习的投资者能够率先学得国外成熟的技术，实现财富自由快人一步，有打算想系统学习谐波交易技术的投资者也可以联系笔者咨询系统的学习。

谐波交易技术是以斐波那契神奇数列作为结构基础的。通过特定的价格运行模式和斐波那契比率，来识别在行情走势中存在的具有高可能性的反转点。看到这里，很多投资者可能有点蒙，简单来说，谐波交易技术就是围绕着黄金分割率的几个数值为中心分析和判断行情的期货技术。这种方法假定市场中价格运行模式或运行周期，就像我们生活中可能反复遇到相同的人和事一样，会不断地反复出现。因此，使用这种交易技术的关键是在价格运行中识别这些模式的具体形态，并按照谐波交易技术进出场。这样就有很大可能跟随价格延续之前反复出现的走势，从中获利。

尽管谐波交易技术中涉及的价格运行模式，并不是百分之百准确，但是这些模式都是久经考验的高概率交易模式。如果你能够从价格变化中寻找到这些模式，就可以发现非常具有潜力的低风险交易机会。谐波交易形态由五段行情组成，其实简单来说就是从已知的四个波段行情推出第五个波段行情。

注：欲深入学习谐波交易理论的投资者可仔细研读地震出版社出版、斯科特·卡尼撰写的《和谐交易》。

在图 5-10 所示的谐波交易五段行情组成示意图中，当行情走出了从 X 到 A，A 到 B，B 到 C，C 到 D 的四段特定的行情走势后，前提是符合谐波技术走势图形，我们就可以根据这四段行情走势特征判断出 D 点这个行情反转点。需要注意的是，谐波交易不是波浪理论，波浪理论里的数浪，一千个人数出来有一千种波浪（千人千浪），所以波浪理论是不能量化的一种滞后性的分析。波浪理论是极其复杂、带有太多不确定性的预测。而谐波交易技术的这四段行情走势都有严格明确位置，一千个人画出来只有一个标准的谐波形态。并且谐波交易技术没有滞后性，反而具有先行性，每次形态的成功概率达到 70%左右。

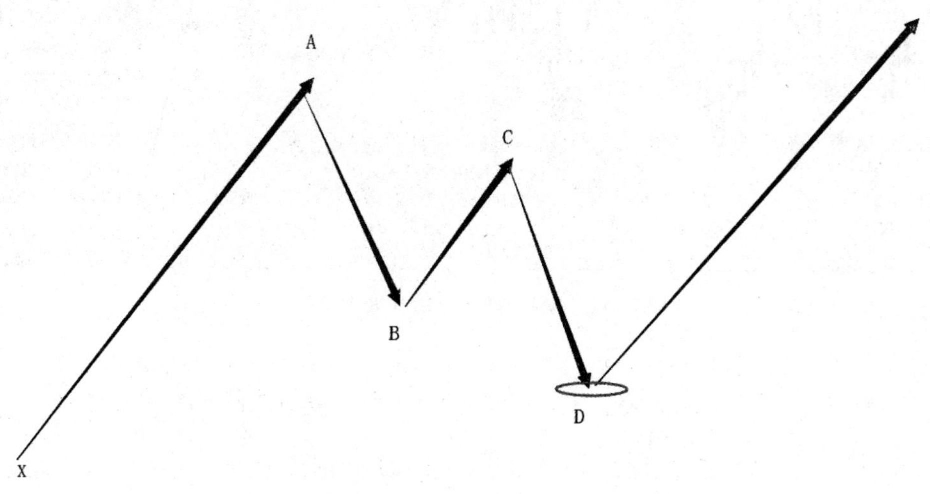

图 5-10　谐波交易五段行情组成示意图

在图 5-11 所示的塑料 1905 合约日 K 线走势中，价格跌破了前期的低点，并且这个低点还是前期的一个次高点。那么，如果在传统技术上价格跌破图 5-12 这条水平线这么重要的点位，就是一次绝佳的进场做空的机会。但是如果用谐波交易技术去分析，下方 8580 就是一个强有力的支撑位，也就是一个潜在的转折点，如果还用传统的技术进场做空，可能刚刚进场价格就受到强有力的支撑后转为上涨，而你的空单就可能被套而且是深套，而且还不知道什么原因被套，以为就是自己的技术不够好。如果你用传统技术可能不知道被套的原因，但是如果结合谐波交易技术那就完全可以规避掉这次不必要的亏损。

图 5-11　塑料 1905 合约日 K 线走势图

从图 5-12 所示的塑料 1905 合约日 K 线走势中可以看到，行情跌到 8580 这个价位受到支撑后转为上涨，而且涨幅还很大，8580 这个点位不是我们凭空想出来的，是我们通过谐波交易技术判断出来的。如果你能传统技术和谐波交易技术结合着去分析行情，你就不会去看空做空，而是等价格跌到8580附近受到支撑进场做多。谐波交易技术内容比较多，笔者会在今后的所有著作中由浅入深地加一些谐波交易技术供大家学习使用。

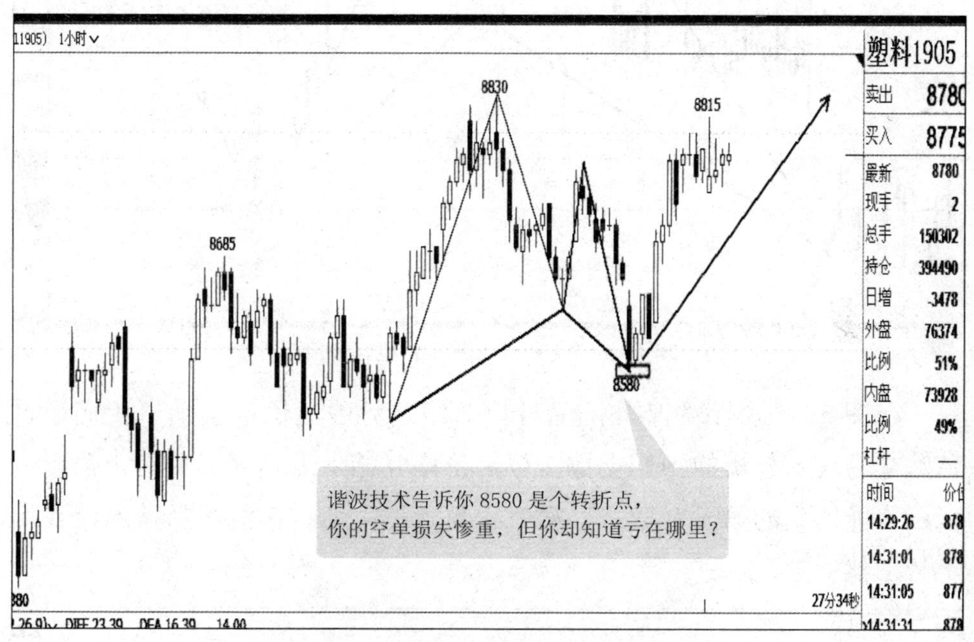

图5-12 塑料1905合约日K线走势图

谐波交易技术运用广泛，除了在外汇、黄金市场，在股票和期货市场的表现一样甚佳。也就是说，只要在有K线的地方，谐波交易技术都能发挥得淋漓尽致。

在图5-13所示的某外汇品种日K线走势中，价格一路下跌到我们通过谐波交易技术判读出来的可能支撑位后，止跌开始上涨。谐波交易技术不单单可以判断支撑位，反转点还可以预测判断如果价格反转合理的止损点位和可能达到的第一、第二、第三止盈点位，如果能把传统期货技术和谐波交易技术配合使用，效果会更好。

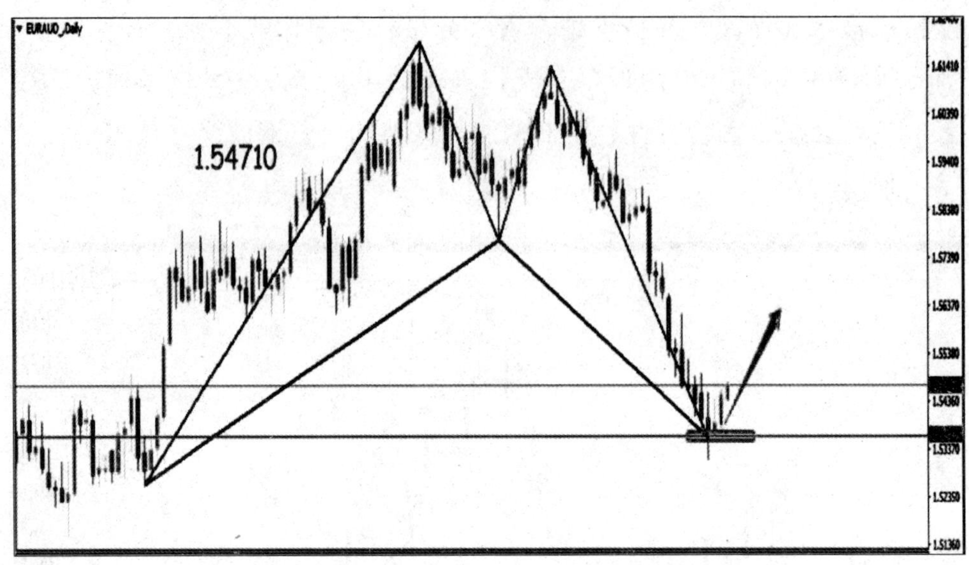

图 5-13 某外汇品种日 K 线走势图

在图 5-14 所示的某外汇品种日 K 线走势中，价格跌到了我们通过谐波交易技术分析的预期支撑点位后价格开始上涨，上涨后的止损点位以及可能达到的第一、第二、第三止盈点位，通过谐波交易技术让我们一目了然。

图 5-14 某外汇品种日 K 线走势图

以上给大家举了两个谐波交易技术在外汇以及国内期货交易中运用的例子，下面给大家讲一个谐波交易技术中比较简单的交易战法：谐波交易之三推进陷阱做多法。

在图 5-15 所末的谐波交易之三推进陷阱做多法示意中，价格下跌到一个阶段性的低点后，价格又连续两次跌破前低点，三个低点形成了一个低点基本可以连成一条直线的底部 K 线形态，这里大家一定要注意变异的形态，也就是三个低点不一定连成一条直线，但是整体和图 5-12 差不多。为什么叫做“三推进陷阱”呢？当出现了阶段性的低点后，价格通过了第二波的下跌，跌破了前期的低点，这时会有很多投资者使用传统技术突破法进场做空，因为价格跌破前低了嘛，所以就很容易做空被套掉进这个诱空的陷阱。谐波交易之三推进陷阱做多法可以有效地规避空头陷阱。

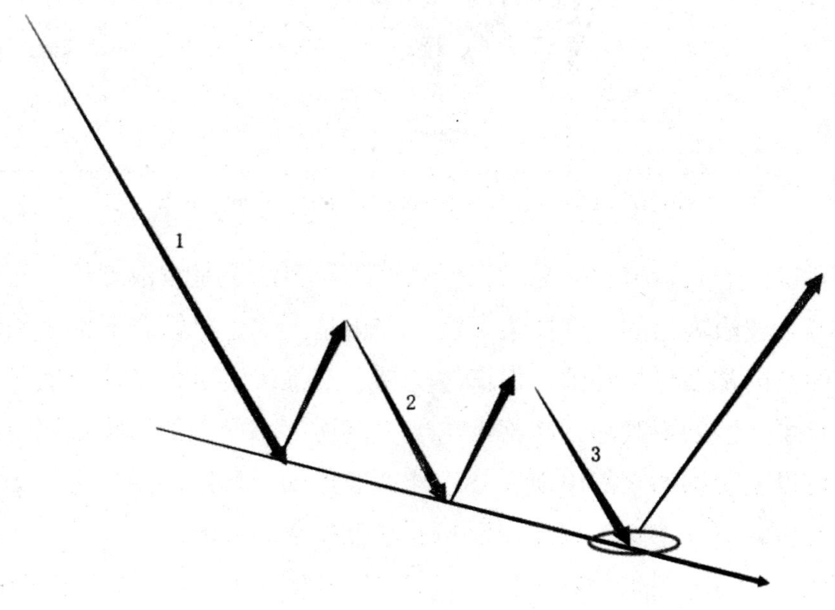

图 5-15 谐波交易之三推进陷阱做多法示意图

在图 5-16 原油 1903 合约 2019 年 2 月 11 日 5 分钟走势中，价格经过了上涨后开始下跌，在连续下跌的底部出现了底部的三推进陷阱反转形态，三个低点基本可以做一个连线，还有第二波和第三波的下跌幅度越接近越好，我们就可以判断底部谐波交易之三推进陷阱做多法的条件都已具备，此时可以在第三个低点开始反转时进场做多。

图 5-16 原油 1903 合约 2019 年 2 月 11 日 5 分钟走势图

需要说明的是，谐波交易之三推进陷阱做多法不是波浪理论，它的原理借鉴了波浪理论的一些要素。波浪理论是一浪、三浪、五浪上涨或者下跌的空间都要尽量一致，而谐波交易之三推进陷阱做多法可能是前期已经有了几波的下跌后，底部再出现三个连续小低点的三推进陷阱形态，也可以是阴跌的末端出现三个连续小低点的三推进陷阱形态。如果此波下跌也是五浪下跌，只需三浪和五浪下跌空间接近即可。

在图 5-17 所示的沪锡 1905 合约 2019 年 2 月 12 日 5 分钟走势中，价格经过了三波下跌，基本也符合了波浪理论的五浪下跌，但是我们发现一浪、三浪、五浪的长度并不相同。这种五浪下跌行情只要第二波和第三波的下跌幅度基本一致，就可以当作谐波交易之三推进陷阱做多法来进场做多。三个低点基本可以做一个连线，我们就可以判断底部谐波交易之三推进陷阱做多法的条件都已具备，此时可以在第三个低点开始反转时进场做多。

图 5-17　沪锡 1905 合约 2019 年 2 月 12 日 5 分钟走势图

在图 5-18 所示的 PP1905 合约 2019 年 1 月 29 日 5 分钟走势中，同样是行情经过了三波下跌，而且三次下跌的低点基本可以用一条线连上的。并且第二波和第三波的下跌空间基本接近，我们就可以判断底部谐波交易之三推进陷阱做多法的条件都已具备，此时可以在第三个低点开始反转时进场做多。大家一定要记住，谐波交易之三推进陷阱做多法不是波浪理论，它有波浪理论的影子，却是和波浪理论截然不同的使用方法。

谐波交易技术靠自己摸索会有很多误区，会走很多弯路，会消耗你很多时间、精力和资金。有道是："工欲善其事，必先利其器"，笔者几年前就已经在国内期货交易中运用谐波交易技术，并且根据国内期货

图 5-18　PP1905 合约 2019 年 1 月 29 日 5 分钟走势图

品种的走势特征，在数据上作了很多调整，经过几年的使用包括在期货实盘大赛期间的运用，效果非常好，全套课程已整理完毕，将在今后的著作中慢慢地呈现给大家。

白云龙谐波交易实战技术交易法

(1) 什么是谐波交易，谐波交易的特点；

(2) 行情走势结构及结构的运用；

(3) 大自然的神奇比率及品字交易模式；

(4) ABCD 法则形态和三推进陷阱交易模式；

(5) 加特利形态交易模式、蝴蝶形态交易模式；

(6) 蝙蝠形态交易模式、赛福形态交易模式；

(7) 鲨鱼形态交易模式；

(8) 如何通过谐波交易确定未知的支撑阻力位；

(9) 谐波交易与传统技术的配合以及三线谐波交易法；

(10) 资金管理风险控制及交易心态。

第六章

四种做空战法

第一节 低空避雷做空法

低空避雷做空法适合用于下跌途中的追空行情，笔者做期货这么多年最喜欢做的就是空单，因为我们在实际期货行情走势中不难发现，空头行情的走势通常要比上涨行情流畅，多头行情三步一回头，而流畅的空头行情经常是行云流水。同样的空间，上涨可能需要一天的时间，而下跌可能只需要几根 5 分钟 K 线就完成了。

但是有的投资者在期货交易中反而喜欢做多头行情，尤其是由股票投资转到期货投资的投资者。因为大家还按照股票价值投资的交易思路在做期货，股票交易是投资行为，而期货交易一直就是投机行为。以盈利赚钱为目的，做多还是做空，只要哪个好赚钱就做哪个。低空避雷做空法的基本定义是：价格一路下跌，在下跌途中出现了一个射击之星形态。当我们发现下跌途中出现了一个射击之星形态或者下跌中反弹的高点出现射击之星形态，我们就可以通过 K 线理论里面顶部的射击之星使用方法进场做空。而且低空避雷做空法的胜算要比半空铁锤做多法的胜算大得多。

在图 6-1 所示的 IC1903 合约 2019 年 12 月 18 日 60 分钟走势中，价格一路下跌，当我们发现下跌途中出现了一个射击之星形态（圆圈处），并且射击之星出现后价格继续下跌。那么我们就可以根据 K 线理论里面顶部的射击之星使用方法进场做空。任何时候的做多或者做空大家一定要结合波浪理论来判断价格所处在行情的大概位置，行情的初期和中期大胆进场，行情的末期出现的进场信号谨慎小仓量或者直接观望。

图 6-1　IC1903 合约 2019 年 12 月 18 日 60 分钟走势图

在图 6-2 所示的沥青 1906 合约 2019 年 2 月 13 日 5 分钟走势中，价格开盘后是个高开，但是价格很快跌破昨天的高点，是个典型的开盘后高开低走的行情走势，之后的行情只要在昨天的高点之下，我们交易

图 6-2　沥青 1906 合约 2019 年 2 月 13 日 5 分钟走势图

的思路就是逢高沽空。从图 6-2 中可以看出，价格跌破昨天的高点后出现了两次反弹(圆圈处)，而且反弹的高点都是出现了一个顶部的射击之星 K 线形态，出现顶部的射击之星 K 线形态后只要价格继续下跌，我们就认为低空避雷做空法条件成立，第一时间进场做空。

在图 6-3 所示的热卷 1905 合约 2019 年 2 月 11 日 5 分钟走势中，价格先是上涨，短时间筑顶之后突然暴跌。暴跌后出现短期的横盘并且小幅的反弹，反弹最高点是一个变异的射击之星，为什么说是变异呢？因为它的形态类似于上影线长、下影线短的十字星形态，但是仔细看不难发现，其实它还是有很小的 K 线实体的。笔者之前曾经说过：即使是十字星，只要上影线占据绝对的主导地位，就可以把它看做变异的射击之星。当反弹的高点出现了这个变异的射击之星，而且之后的行情继续下跌，我们就可以根据顶部的射击之星 K 线进场方法进场做空。

图 6-3 热卷 1905 合约 2019 年 2 月 11 日 5 分钟走势图

第二节 童子拜佛做空法

童子拜佛做空法的使用方法有点和低空做空法相似，只是它经常出现在阶段性的高点，也可以出现在下跌行情途中反弹的高点。和童子拜佛做多法同样基本只适合用于5分钟周期以上使用，因为1分钟周期的K线上、下影线太多，不利于童子拜佛做空法买卖点形态的确定与分析。童子拜佛做空法的基本技术形态是：行情上涨或反弹到一个阶段性高点时，高点附近出现了最少3根类似于射击之星的K线形态，而且之后的行情继续下跌。此时我们就可以简单地判读童子拜佛做空法条件成立，我们就可以进场做空。

在图6-4所示的PTA1905合约2019年2月12日5分钟走势中，今天行情开盘高开，而且我们发现开盘后的三根K线(第一个圆圈处)上影线都非常长，大家说像不像三炷香？这回大家就应该知道笔者为什么把这种做空的战法称为“童子拜佛做空法”了吧。只要顶部出现这种K线形态后价格继续下跌，我们就可以进场做空。开盘就出现童子拜佛形态后行情开始下跌，下跌途中的反弹的最高点，又出现了顶部的童子拜佛形态，如果是笔者碰到，此处是一定要加仓的，行情确定敢于加仓才可能做到资金翻倍。当然前提是你要有过硬的技术，而不是盲目地加仓。

图 6-4　PTA1905 合约 2019 年 2 月 12 日 5 分钟走势图

在图 6-5 所示的纤维板 1903 合约 2019 年 1 月 31 日 5 分钟走势中，前期的价格一路上涨，出现了阶段性的高点，而这个阶段性的高点是由三根上影线非常长的 K 线组成，之后的行情只要无法创新高，我们就可

图 6-5　纤维板 1903 合约 2019 年 1 月 31 日 5 分钟走势图

以按照顶部的童子拜佛做空法进场做空。如果之后的行情跌破前低，就更要积极进场。需要说明的是，可能这三根顶部的K线并不是标准的射击之星形态，只要它们的上影线相对来讲比较长都可以当作变异的顶部童子拜佛形态看待。

在图6-6所示的黄豆二号1905合约2019年2月11日5分钟走势中，前期的价格经过了五浪上涨，出现了五浪的高点，然后价格回落，价格再次上攻，突破了五浪的高点后(第一个圆圈处)上冲乏力，此时我们可以看到，这个新高是由多个上影线比较长的K线形成的高点。那么我们就可以把它看做顶部的童子拜佛形态，顶部的童子拜佛形态里面上影线比较长的K线并不一定要求必须是三根，越多越好，越多行情由多转空的可能性就越大。价格尝试突破五浪的高点并且形成了顶部的童子拜佛形态后，价格一路下跌，下跌途中的反弹高点(第二个圆圈处)又出现了顶部的童子拜佛形态，此处是一个加仓信号，不容错过。

图6-6　黄豆二豆1905合约2019年2月11日5分钟走势图

第三节　三试探做空法

三试探做空法和三试探做多法的使用方法正好相反，布林通道三试探做空法是在行情处于横盘阶段，当我们发现布林通道开始收口和走平，并且K线行情走势趋于平稳，就意味着行情进入了典型的窄幅震荡无趋势行情。震荡行情中价格触碰上轨或者下轨哪个越多，向哪个方向突破的可能性就越大。但是不同的是，三试探做多法如果形成有效的向上突破一定要有量能的配合，任何无量上涨行情的动能都值得怀疑。但是做空行情可以忽略量能的存在，这也是笔者喜欢做空单的原因之一，可以少考虑一个行情启动的条件。

三试探做空法的技术形态是：价格出现了横盘整理，从布林通道的收口和走平也可以判断出行情已经进入了震荡行情。此时价格最少三次触碰布林通道的下轨，而且在第三次触碰布林通道下轨的时候能够跌破前低点，此时我们可以积极进场做空，用布林通道的下轨和中轨持仓即可。

在图 6-7 所示的沪铅 1903 合约 2019 年 2 月 12 日 5 分钟走势中，价格经过了长时间的横盘整理，从布林通道的收口和走平也可以判断出行情已经进入了震荡行情。此时价格三次触碰布林通道的下轨，而且在第三次触碰布林通道下轨的时候能够跌破前低点，并且跌破前期低点时候还能有量能的配合效果更好。此时我们可以积极进场做空，用布林通道的下轨和中轨持仓即可。

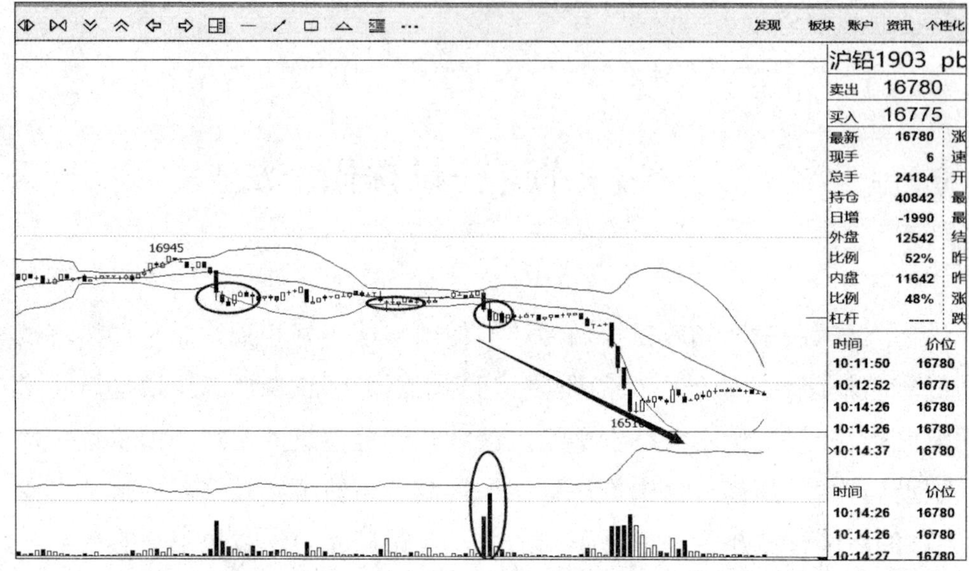

图 6-7 沪铅 1903 合约 2019 年 2 月 12 日 5 分钟走势图

在图 6-8 所示的螺纹 1905 合约 2019 年 2 月 12 日 5 分钟走势中，价格下跌后出现了反复上下小范围横盘震荡行情，布林通道逐渐开始收口。此时价格三次触碰布林通道的下轨，而且在第三次触碰布林通道下

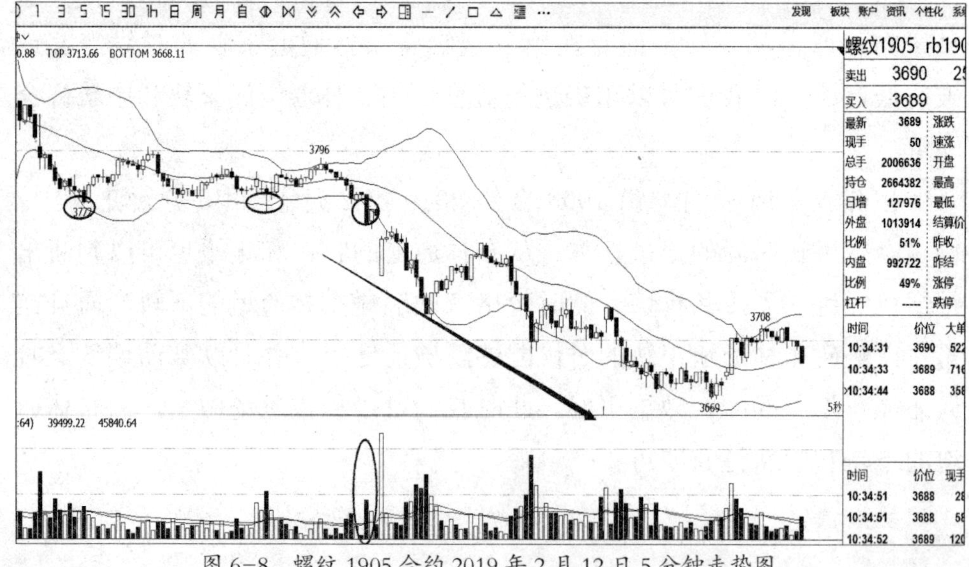

图 6-8 螺纹 1905 合约 2019 年 2 月 12 日 5 分钟走势图

轨的时候能够跌破前低点，这个案例也是跌破前期低点时候有量能的配合。此时我们可以积极进场做空，用布林通道的下轨和中轨空单持有即可。其实布林通道有很多做单的方法，比如以中轨的突破或者跌破为进场的依据等，但是笔者觉得三点试探方法效果会更好，也是行情破位启动的最佳时机。

在图 6-9 所示的沪镍 1905 合约 2019 年 2 月 12 日 5 分钟走势中，价格下跌后出现了窄幅震荡行情，布林通道逐渐开始收口。当价格三次触碰布林通道的下轨，而且在第三次触碰布林通道下轨的时候能够跌破前低点，同样也是跌破前期低点时候有量能的配合。此时我们可以积极进场做空，用布林通道的下轨和中轨空单持有即可。在震荡过程中，价格可能多次触碰布林通道下轨，但是只要不破前低点就不要轻易进场，什么时候跌破前低，什么时候才是最佳的进场时机。很多读者问布林通道指标里面的数值是否需要修改，这里不建议大家作修改，默认即可。

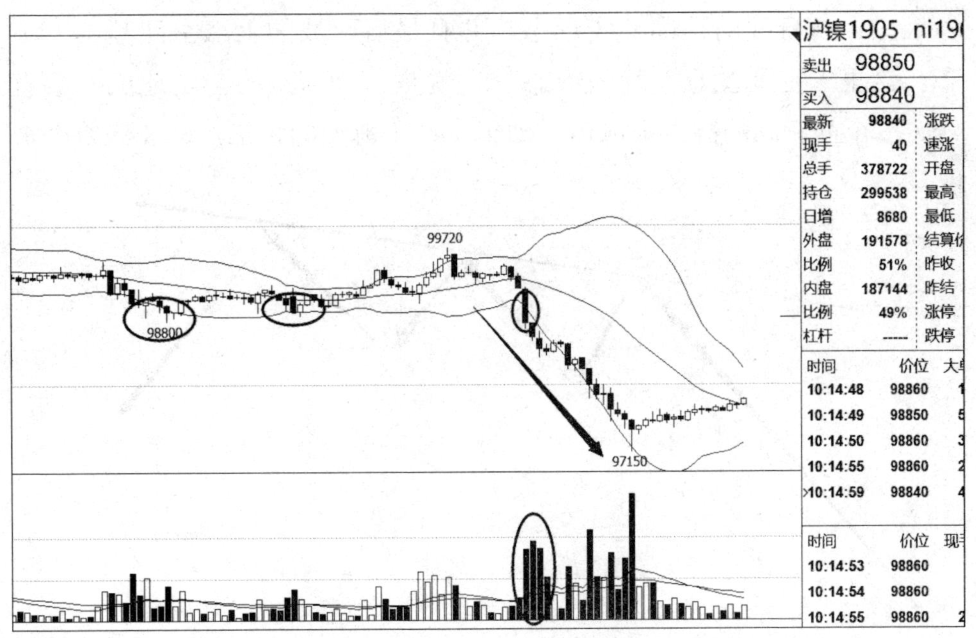

图 6-9　沪镍 1905 合约 2019 年 2 月 12 日 5 分钟走势图

第四节　谐波交易之三推进陷阱做空法

谐波交易之三推进陷阱做空法是谐波交易之三推进陷阱做多法的姊妹篇，基本形态是：价格上涨到一个阶段性的高点后，价格又连续两次突破前高点，三个高点基本可以连成一条直线的顶部K线形态，这里一定要注意变异的技术形态，也就是三个高点不一定连成一条直线，但是整体形态不能变的就是，一波长中期的上涨后，顶部出现了连续的小五浪上涨行情。三个创新高的高点形成后，我们就可以根据这个形态进场做空。

在图6-10所示的谐波交易之三推进陷阱做空法示意中，价格上涨到一个阶段性的高点后，价格又连续两次突破前高点，三个高点基本可以连成一条直线的顶部K线形态，并且最后两波的上涨空间基本差不多。这里一定要注意变异的形态，也就是三个高点不一定连成一条直线，三个创新高的高点形成后，如果出现了典型的顶部反转K线组合形

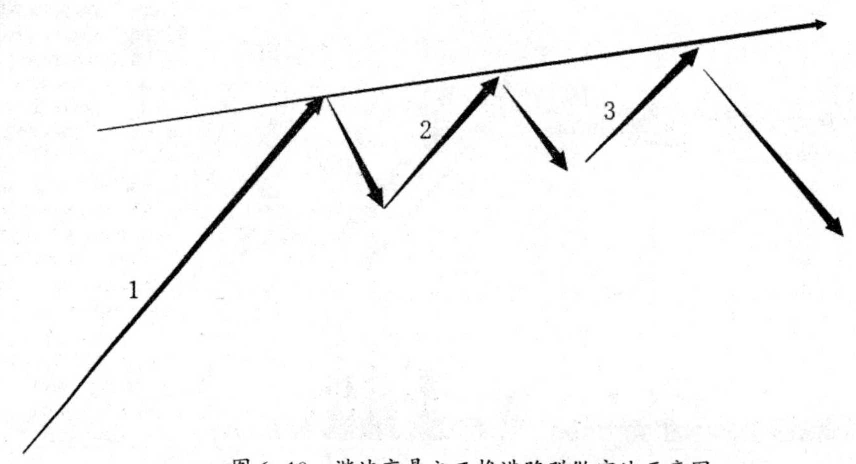

图6-10　谐波交易之三推进陷阱做空法示意图

态，比如顶部的射击之星、倾盆大雨、黄昏之星等，我们就可以根据这些顶部K线反转组合形态进场做空。

这是一个识别诱多陷阱的方法。按照传统的技术前期行情一路上涨，价格再次突破前期的高点会有很多投资者按照传统的突破法进场做多，谐波交易之三推进陷阱做空法可以有效地规避多头陷阱。这是谐波交易技术中最简单的一个技术，谐波交易技术能有效地识别假突破、反转点，以及精准预测的止损点、止盈点。它和波浪理论不同的是，波浪理论数浪是一千个人有一千种数法，所谓的“千人千浪”。而谐波交易技术却是所有人最终得到的反转点、止损点、止盈点等只有一个，除非你的数据和方法根本就不对。

在图6-11所示的乙二醇1906合约2019年1月28日5分钟走势中，行情顶部出现了连续的三波上涨，大家一定不要把它看做行情从底部起点到终点的三波上涨，这里所说的三波上涨是指行情连续上涨后，在顶部又形成小五浪的三波上涨。可能之前的上涨行情是大的五浪上涨，也可能是斜坡式的阴涨，只要在顶部出现小五浪的三波上涨后行情下跌，我们就可以判断顶部谐波交易之三推进陷阱做空法的条件已具

图6-11 乙二醇1906合约2019年1月28日5分钟走势图

备。此时可以在第三个高点开始反转时进场做空，如果第三个高点位置有典型的顶部反转 K 线组合形态效果更好。

在图 6-12 所示的棕榈油 1905 合约 2019 年 1 月 28 日 5 分钟走势中，大家可以看到行情从前期的横盘突然出现近似 90° 角的急拉行情，而且这波急拉如果会数浪的读者看一下，是不是也是通过五浪来急拉的？行情五浪急拉之后，在顶部又形成小五浪的三波上涨，只要在顶部出现小五浪的三波上涨后行情下跌，我们就可以判断顶部谐波交易之三推进陷阱做空法的条件都已具备。此时可以在第三个高点开始反转时进场做空，如果第三个高点位置有典型的顶部反转 K 线组合形态，比如射击之星、黄昏之星等效果更好。

图 6-12 棕榈油 1905 合约 2019 年 1 月 28 日 5 分钟走势图

如图 6-12 所示的棕榈油 1905 合约 2019 年 1 月 28 日 5 分钟走势中，形成顶部小五浪的三波上涨形态前的上涨行情，是明显的五浪上涨后顶部出现的小五浪。而图 6-13 所示的黄豆二号 1905 合约 2019 年 1

月 31 日 5 分钟走势中，形成顶部小五浪行情前是一波持续的上涨，没有明显的五浪上涨痕迹，但是在顶部形成小五浪的三波上涨形态。这个顶部的小五浪形态不如之前的几个案例形态标准，但也基本符合谐波交易之三推进陷阱做空法顶部小五浪三波上涨的基本形态。如果顶部有反转 K 线组合等配合，完全可以进场做空。所以，我们在实际交易中任何战法的标准形态要能够第一时间识别出来，变异技术形态也要能在第一时间识别出来，因为实际行情中大部分技术形态都是变异的。

图 6-13　黄豆二号 1905 合约 2019 年 1 月 31 日 5 分钟走势图

以上讲解了四种做多的交易战法和四种做空的交易战法，笔者在 2018 年出版的《期货日内短线复利密码》一书中给读者的一个福利就是送了一个行情分析技术指标，没想到深受读者的喜爱，这本书的读者一样享有这个福利，本书的读者很多没有购买笔者的《期货日内短线复利密码》一书，笔者在这里把水上双金叉、三金叉指标的原理再和大家讲解一下，以便大家明明白白地使用。

第五节　水上双金叉、三金叉指标

在图 6-14 所示的甲醇 1709 合约 2017 年 3 月 29 日 5 分钟 K 线走势中，一天同时出现了两次 MACD 水上金叉加均线金叉，如果我们遇见这种情况可以大胆进场。大家一定要仔细观察行情的变化，当出现水上双金叉，并且价格站上了 5 日均线上，应该积极进场做多，胜算非常大，机会来了不犹豫，单子错了不手软，这样做期货才可能成功。

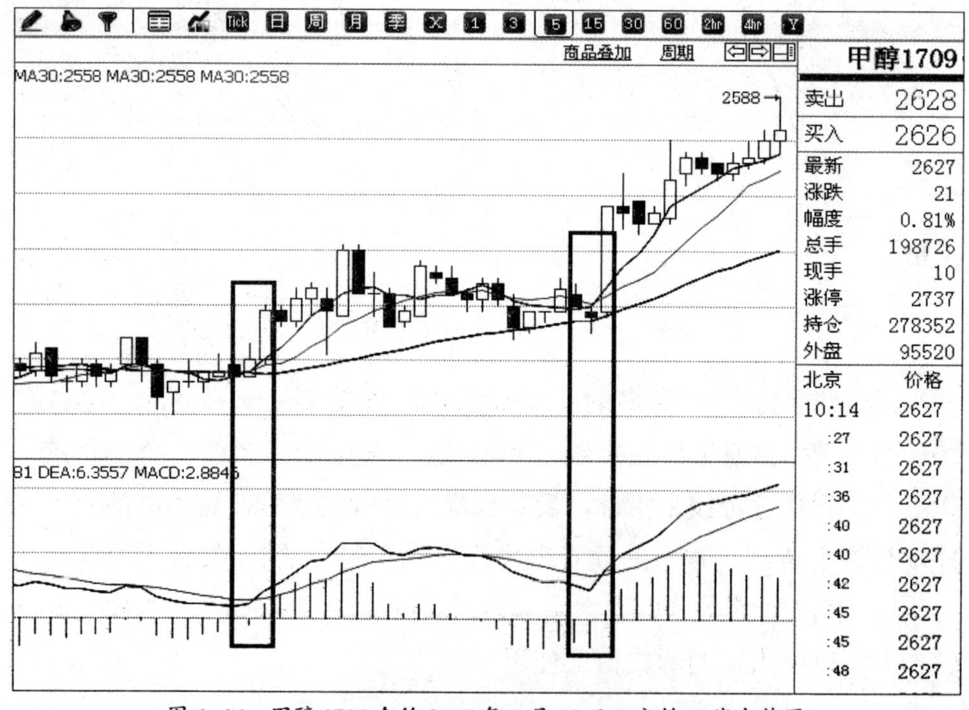

图 6-14　甲醇 1709 合约 2017 年 3 月 29 日 5 分钟 K 线走势图

很多投资者就是在犹豫、彷徨中错过了很多非常好的进场点，当好的进场点没有了，又盲目地进场，最后就成了赚钱的时候没有你，亏钱的时候你总在，长期这样做下去对交易信心会有很大的打击，一进入这个市场犹如“惊弓之鸟”，最后很多投资者害怕到连单子都不敢下了，害怕亏损到极点，做期货做成这种状态基本就不要再做下去了。

在图 6-15 所示的橡胶主力合约 2017 年 3 月 30 日 5 分钟 K 线走势中，MACD 的 DIFF 在 0 轴上由下向上突破 DEA 相交金叉，同时均线也出现金叉，而且价格能站到 5 日均线上，我们此时应该积极进场做多。没

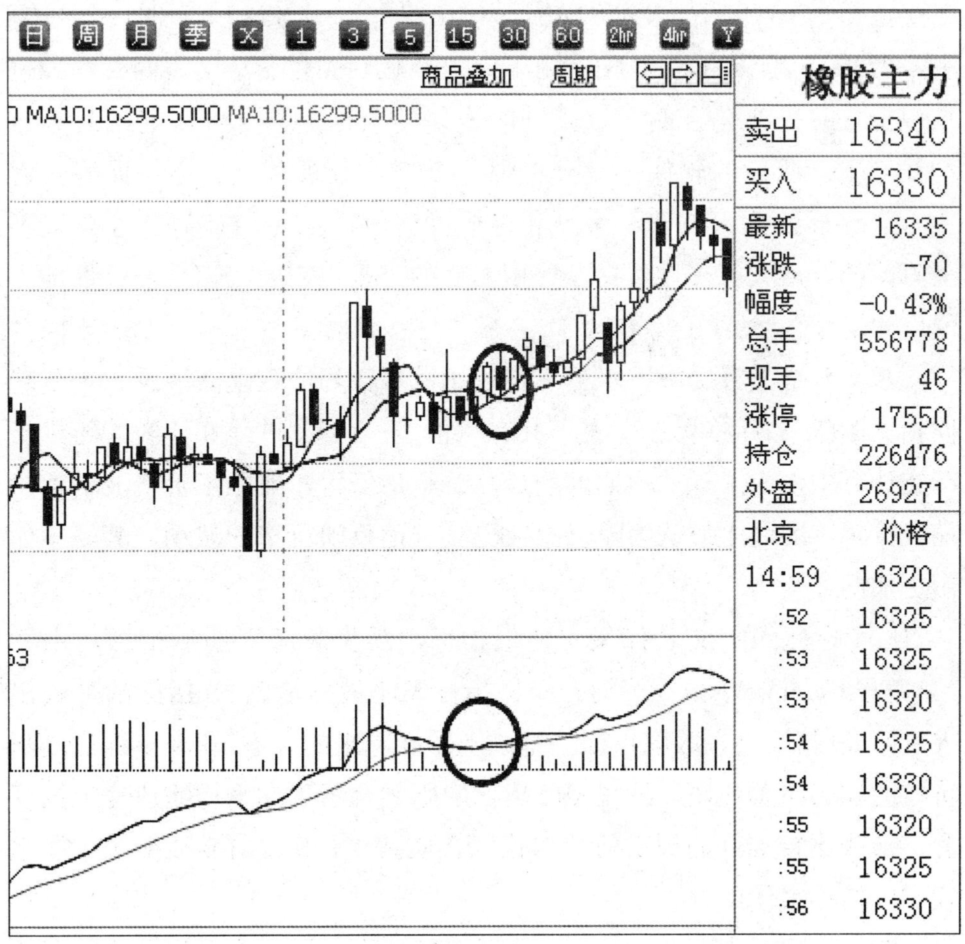

图 6-15 橡胶主力合约 2017 年 3 月 30 日 5 分钟 K 线走势图

有什么可犹豫的，机会转瞬即逝，很多机会当你犹豫过后想进的时候，基本也是考虑出场的时候了。

有的投资者可能会觉得，期货太多的品种、太多的进场信号，这样盯盘不是很累吗？这种困惑相信很多期货投资者都会有，很多进场方法都可以依据它的进场条件，用文华麦语言公式指标的形式编写在行情里面了，当 MACD 0 轴上和均线同时出现金叉，并且站在 5 日均线之上，我们软件上就出现买入的提示信号，这样我们每天只要等符合条件的买入信号出现就可以了，节省了很多的分析行情的时间和精力。

在图 6-16 所示的玻璃 1705 合约 2017 年 3 月 30 日 5 分钟 K 线走势中，当 MACD 的 DIFF 在 0 轴上由下向上突破 DEA 相交金叉。同时均线也出现金叉，只要符合两个金叉同时出现的条件，并且价格能站到 5 日均线之上。我们的软件上就会出现一个“双金买入”字样，提醒我们买入，这样就大大节省了看盘和分析的时间。当然，任何软件公式不是万能的，请大家理性看待及使用，好的工具也需要我们合理理性地去使用。

水上双金叉升级版：水上三金进场做多技巧，这里面涉及一个反趋向指标 KDJ。KDJ 指标在图表上共有三根线：K 线、D 线和 J 线。随机指标在计算中考虑了计算周期内的最高价、最低价，兼顾了价格波动中的随机振幅，因而人们认为随机指标更真实地反映价格的波动，其提示作用更加明显。

KDJ 指标的中文名称又叫随机指标，最早起源于期货市场，由乔治•莱恩(George Lane)首创。随机指标 KDJ 最早是以 KD 指标的形式出现，而 KD 指标是在威廉指标的基础上发展起来的。不过 KD 指标只判断价格的超买超卖的现象，在 KDJ 指标中则融合了移动平均线速度上的观念，形成比较准确的买卖信号依据。在实践中，K 线与 D 线配合 J 线组成 KDJ 指标来使用。

KDJ 指标在设计过程中主要是研究最高价、最低价和收盘价之间的

图 6-16 玻璃 1705 合约 2017 年 3 月 30 日 5 分钟 K 线走势图

关系，同时也融合了动量观念、强弱指标和移动平均线的一些优点。因此能够比较迅速、快捷、直观地研判行情，被广泛用于股市、期市的趋势分析，是期货和股票市场上最常用的技术分析工具。在我们今天的水上三金进场做多技巧中我们就使用 KD 这个随机指标就可以了。因为 KDJ 里面的 J 值我们暂时先不用它，加入 KD 这两个值的金死叉即可。

在图 6-17 所示的慢速 KD 金叉死叉示意中，当我们发现 K 值由下往上穿 D 值交金叉时，是价格上涨的信号，K 值由上往下穿 D 值交死叉时，是价格下跌的信号，但是记住，技术指标的买卖信号尽量不要用单一的来作为进场的依据，尽量几个配合着使用，会大大提高进场的成功率。

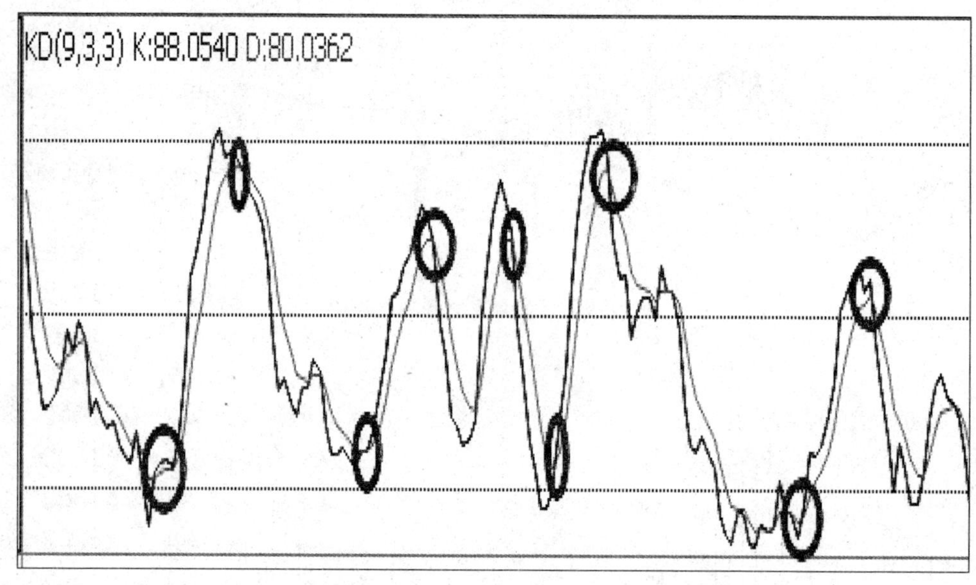

图 6-17　慢速 KD 金叉死叉示意图

在图 6-18 所示的棕榈油 1709 合约 2017 年 4 月 18 日 5 分钟 K 线走势中，主图中的均线，随机指标 KD 中的 K 值和 D 值，以及 MACD，几乎同时出现金叉，并且价格能站到 5 日均线上。此时我们可以大胆进场做多，水上三金进场做多技巧要比水上双金叉进场做多的胜算更大。因为加进来一个指标会过滤掉很多假信号。同样这个三金进场做多技巧我们也都把它编写出来了，只要把编写好的指标导入我们的交易软件中，当主图中的均线，随机指标 KD 中的 K 值和 D 值，以及 MACD，同时出现金叉时，并且价格能站到 5 日均线上。我们的软件中就会出现提示进场做多的文字“三金做多”进场信号。

图 6-18 棕榈油 1709 合约 2017 年 4 月 18 日 5 分钟 K 线走势图

在图 6-19 所示的黄金 1706 合约 2017 年 4 月 14 日 5 分钟 K 线走势中，当主图中的均线，随机指标 KD 中的 K 值和 D 值，以及 MACD，同时出现金叉时，并且价格能站到 5 日均线上。我们的软件中就会出现提示进场做多的文字“三金做多”进场信号。这个指标是笔者公司操盘室盘手也经常用到的。

图 6-19 黄金 1706 合约 2017 年 4 月 14 日 5 分钟 K 线走势图

笔者在这里声明一下，任何指标公式都不可能达到百分之百的成功率，但笔者保证如果投资者严格每次都按照信号提示进场做单，肯定是可以做到稳定获利的，希望大家不要只用这一个指标来进出场，还要结合自己技术以及熟悉的指标共振里判断进出场，这样可以过滤掉很多假信号。

“三金死叉”软件公式请在文华财经 6 软件上使用，导入及使用步骤如下：

打开文华 6 交易软件，点击右上角“系统工具”— “指标管理器”，如图 6-20 所示。

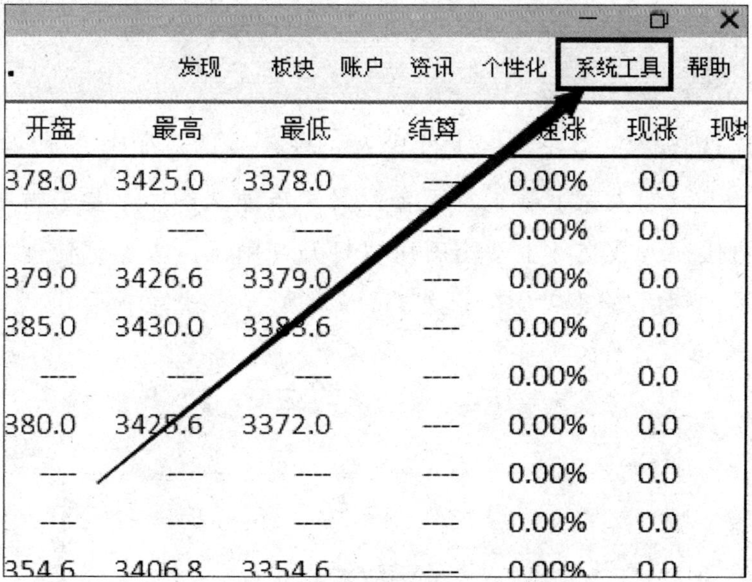

图 6-20 “系统工具”—“指标管理器”

选择“导入导出”— “导入”，如图 6-21 所示。

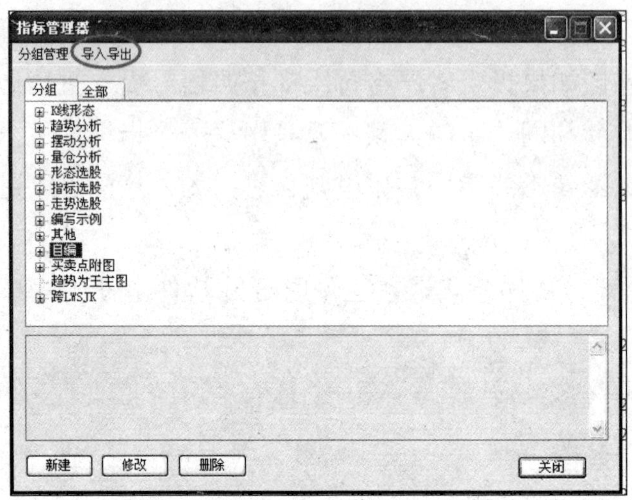

图 6-21 “导入导出”—“导入”

然后选择“三金死叉”软件导入，导入成功，如图 6-22 所示。这里提醒一下，当大家下载了“三金死叉”压缩文件后不要去解压，更不要以为直接在下载文件上双击就可以打开使用了，大家记住保存在哪里就可以了，然后按照以上的步骤导入文华财经 6 软件中即可。

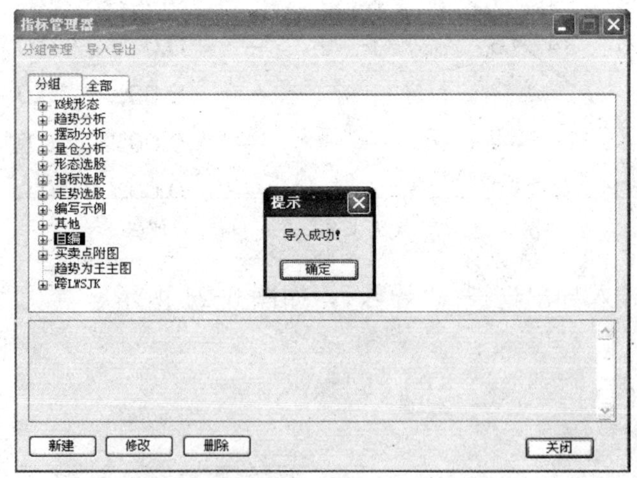

图 6-22 导入成功

软件公式调用的方法是：随便打开某一商品期货合约的K线图，鼠标点击右键出现对话框，鼠标放在放在“技术指标”上，右面出现对话框，鼠标移到“自编”或“其他”上，右面又出现对话框，鼠标点，最下面指向右面的箭头按键，出现如图6-23所示的对话框，然后在左面找到“三金死叉”软件指标选入右侧对话框。

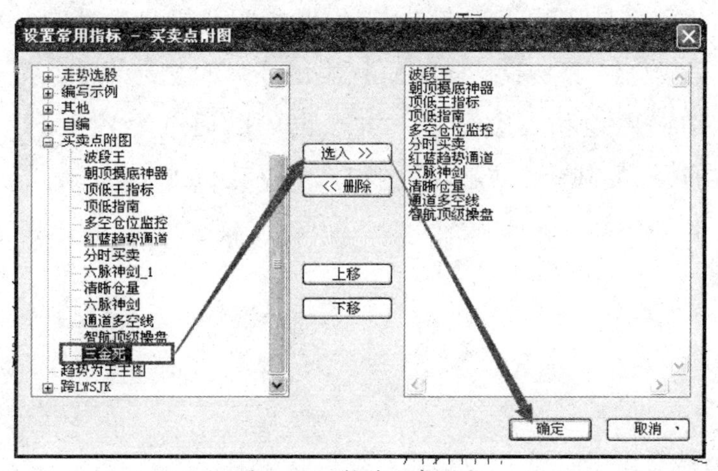

图6-23 软件公式调用

行情K线状态下，鼠标右键点击“叠加技术指标”，然后把“三金死叉”指标从左侧选到右侧即可使用，如果停止使用，同样用这种方法把软件公式从右侧找到删除即可，如图6-24所示。

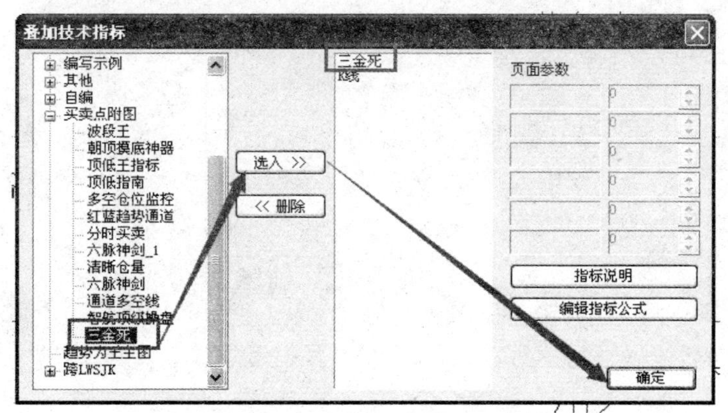

图6-24 指标选入和删除

K 线行情运行状态下，只要符合软件指标“三金死叉”的进场条件，K 线走势图中就会即时地出现“买入”或者“卖出”的文字提醒。“三金死叉”软件公式读者可以永久免费使用，软件虽好，切勿过分依赖，需按信号提示操作，盈亏自负。

通过以上两个章节，笔者给大家分别讲解了四种最新的做多交易战法和四种做空交易战法，笔者 19 年的期货职业操盘生涯中，和团队操盘手通过实战总结了很多经典的而且屡试不爽的交易战法，笔者会在今后的著作中慢慢地和大家分享，大家也可以通过笔者 2018 年的著作《期货日内短线复利密码》学习更多的交易战法。

第七章

期货实战案例答疑解惑

笔者每天盘中或者盘后，经常与学员和客户进行实时的行情及技术互动交流，其中涉及笔者对行情的一些认知与理解，以下整理节选了交流记录中一部分和本书技术有关的且有代表性的实盘案例和大家分享，希望读者能从中受到启迪。

第一节　PP1905合约1月28日5分钟走势解析

广州面授学员：张姐

白老师很高兴您在百忙之中为我解答问题，您帮我看看图 7-1 所示的 PP1905 合约 1 月 28 日 5 分钟走势中，昨天的行情是高开后冲高到前期的高点之上，然后下跌，跌破前期的高点后基本一天都是下跌的，今天小高开后，跌破了今天的开盘价，我想进场做空可行不？

图 7-1　PP 1905 合约 1 月 28 日 5 分钟走势图

白云龙老师

张姐你好，好久不见，在图 7-2 所示的 PP1905 合约 1 月 28 日 5 分钟走势中，价格跌破今天早上的开盘价是完全可以进场做空的。我给你具体分析一下：前期属于一个急速下跌行情，经过反弹后昨天继续下跌了一天，今天虽然是个小高开而且还小幅上涨，但是这波上涨达到了昨天下跌行情的 50%左右就上涨乏力了，并且价格上涨缩量，从这几点就可以判断今天的高开高走只是下跌中的反弹而已，而且昨天的下跌是增量下跌的，今天缩量上涨是典型的下跌途中主力中途休息的过程。我上课讲过当天的开盘价可以作为我们进场做单的依据，此时你可以做空，后势还是继续看跌。

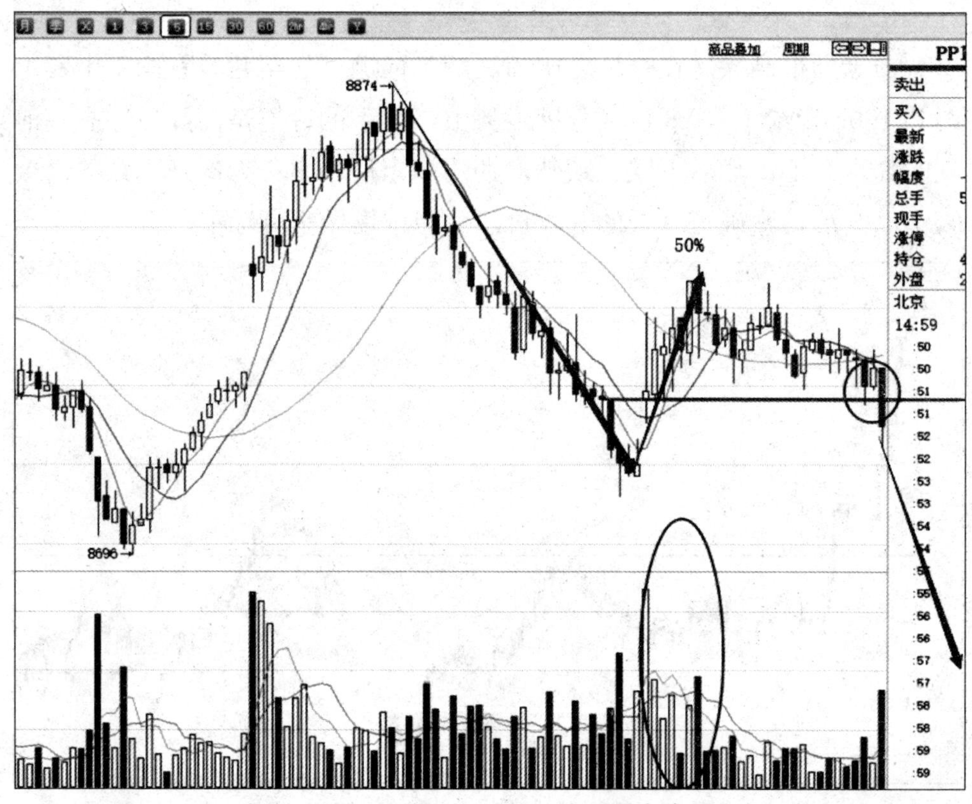

图 7-2 PP 1905 合约 1 月 28 日 5 分钟走势图

在图 7-3 所示的 PP1905 合约 1 月 28 日 5 分钟走势中，其实在今天开盘后缩量反弹的过程中，是一个小的顶部的头肩顶 K 线反转形态。所以上课时和大家说过很多基础的技术一定要会，不要行情已经把机会摆在你的面前，你都发现不了。几点做空的理由结合在一起，我们就更应该在跌破今天的开盘价或者跌破小头肩的颈线的时候进场做空了。

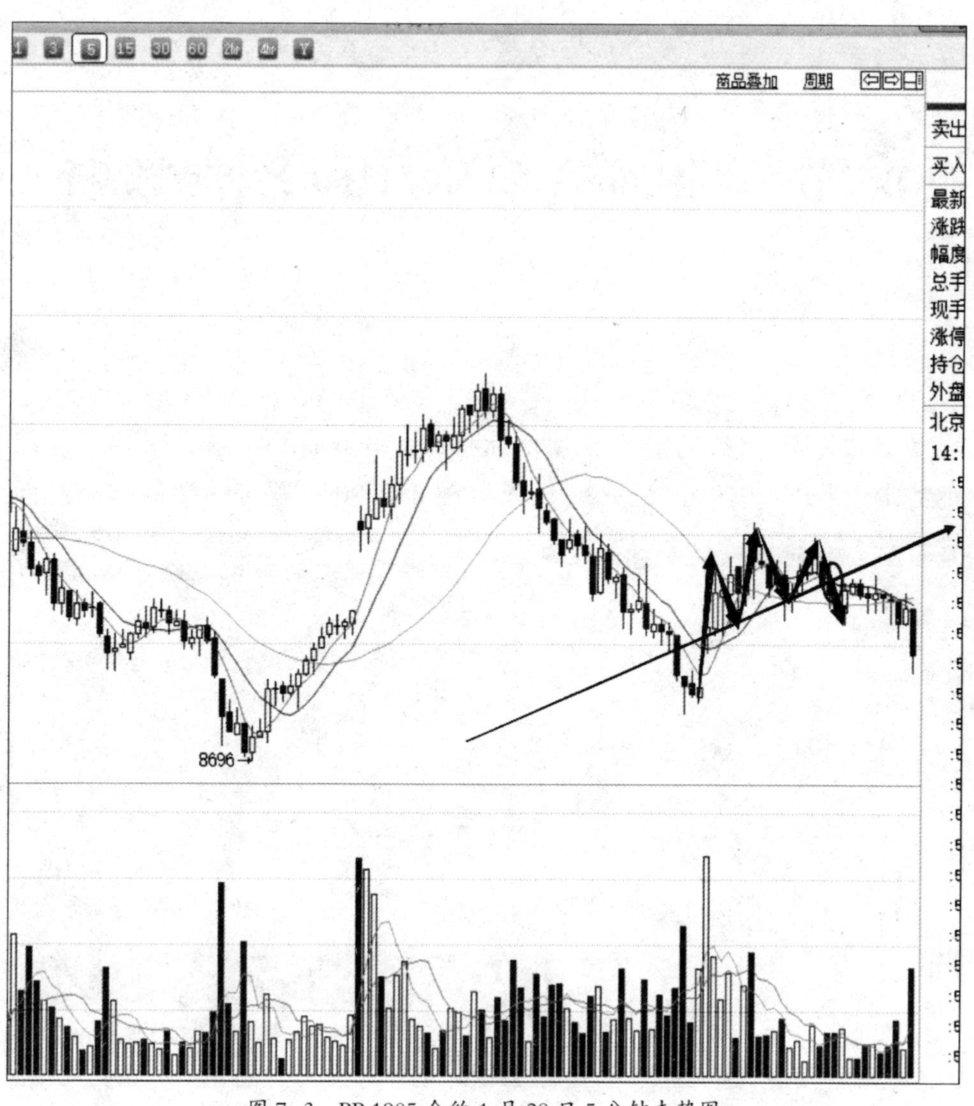

图 7-3　PP 1905 合约 1 月 28 日 5 分钟走势图

广州面授学员：张姐

谢谢白老师，我刚刚只看到了价格跌破了今天的开盘价，还没留意行情下跌增量、上涨缩量这个行情滞涨形态，更没留意到这个小的顶部是一个反转的头肩顶形态，谢谢老师。

第二节　黄金1906合约1月28日60分钟走势解析

网络学员：我心依旧(网名)

白老师晚上好，在图 7-4 所示的黄金 1906 合约 1 月 28 日 60 分钟走势中，我是 2019 年 2 月 25 日夜盘在 283.80 位置进的多单，今天行

图 7-4　黄金 1906 合约 1 月 28 日 60 分钟走势图

情我感觉要走坏，不知道我这笔多单还能不能继续持有？

白云龙老师

你好，我心依旧(网名)，刚刚帮你看了一下黄金 1906 合约近期的走势，如图 7-5 所示的走势中，目前黄金算是筑底完成，行情刚刚要启动的阶段。黄金 1906 合约前期经过了五浪上涨后又经过了五浪下跌，在五浪的低点横盘筑底(方框处)，而且这个底部像不像我上课提到的“岛型反转”？还记得我上课的时候讲过的黄金和什么行情关系密切吗？对，没错，是美元指数，那我们看看美元指数近期的一个表现。

近期黄金走势和美元走势正好是相反的，我们称之为“负相关”。但是两者之间的关系不是绝对百分之百的负相关，相关度一般能达到 80%左右。也就是美元强则黄金弱，美元弱则黄金强。如果经常做黄金、白银这两个品种，一定要留意美元的走势，这么说吧，完全可以看着美

图 7-5 黄金 1906 合约 1 月 28 日 60 分钟走势图

元行情走势来做黄金和白银。

我心依旧(网名)，你看一下在图 7-6 所示的美元指数 60 分钟近期走势中，美元指数的走势是不是和黄金 1906 合约 1 月 28 日 60 分钟近期的走势相反。所以我建议黄金 1906 合约多单继续持有。

图 7-6 美元指数 60 分钟近期走势图

为什么？我现在帮你分析一下，首先看图 7-7 所示的黄金 1906 合约 1 月 28 日 60 分钟走势中当前价格所处的位置，目前处在筑底横盘整理后第一波上涨的途中，如果我们用波浪理论去预判行情未来走势的话，目前这波上涨有可能是波浪理论中的第一浪上涨，而当前位置正好是二浪的调整浪。如果你现在就止盈出局很可能错过接下来的三浪和五浪的上涨。另外，从黄金 1906 合约 60 分钟周期里均线来看，目前正好打到 10 日均线受到支撑，如果接下来的价格跌破 10 日均线，黄金 1906 合约多单可以适当地减仓，如果连 30 日均线都跌破了，建议黄金 1906 合约多单全部出局。

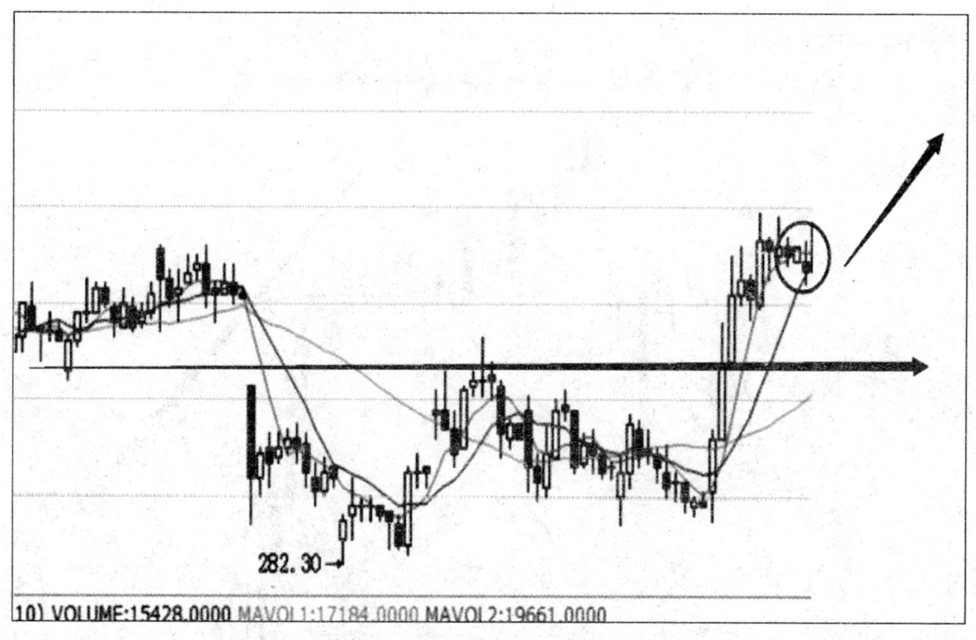

图 7-7 黄金 1906 合约 1 月 28 日 60 分钟走势图

我们再回头看一下图 7-8 所示的美元指数 60 分钟近期走势，当前的 K 线形态(圆圈处)是什么形态，是不是下跌途中反弹高点的射击之星呀？还记得我之前讲过的“低空避雷做空法”吗？那下跌途中反弹高点出现顶部的反转 K 线反转形态“射击之星”后势看空。所以，既然美元指数已经出现了见顶信号，后势看跌，那么金黄金 1906 合约我们肯定要再继续持有，如果美元接下来的行情能站在这根射击之星高点之上，我们再考虑黄金 1906 合约多单离场。

网络学员：我心依旧(网名)

谢谢白老师，之前做期货以为做啥品种就看啥，很少结合其他相关联品种来分析行情，自从认识老师之后分析行情时逐渐看得全面些了，看来我以后做黄金、白银还要多留意美元指数当前的趋势。

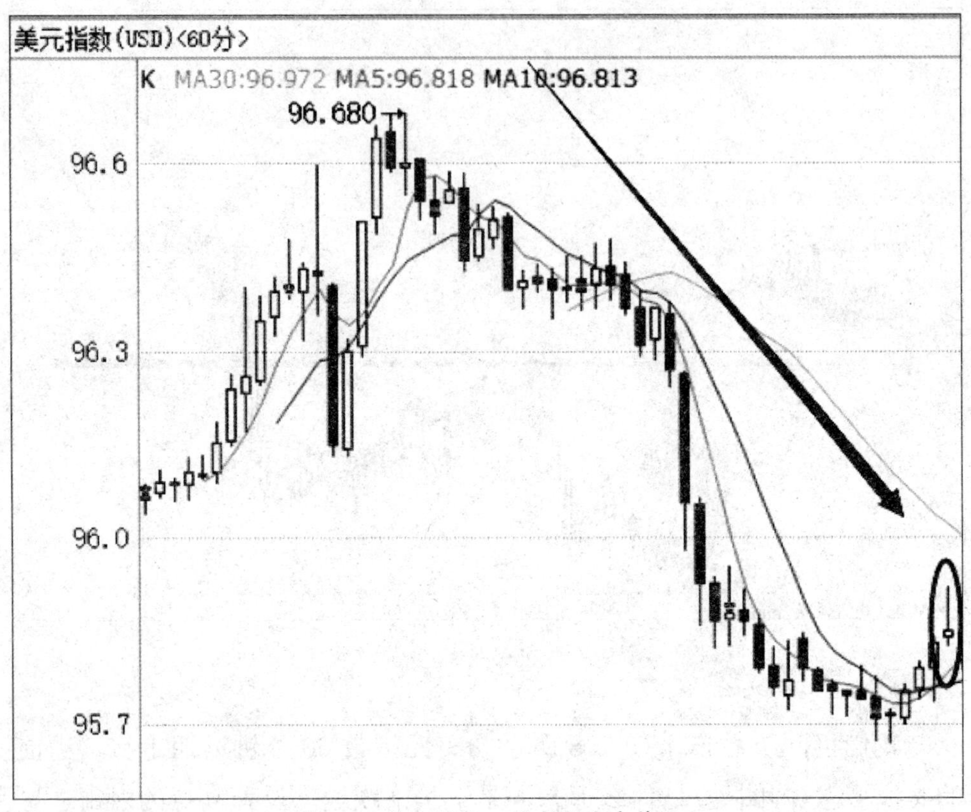

图 7-8 美元指数 60 分钟近期走势图

第三节 黄豆二号1905合约2月14日5分钟走势解析

面授学员：李明飞

白老师早上好，昨天夜盘在线叫你你不在，昨天夜盘我发现一个技术非常像你之前讲的“谐波交易之三推进陷阱做多法”，进场做多后但是行情没走出来，止损出局了，帮我看看是哪里分析不到位出现了问题？

白云龙老师

李明飞你好，昨天睡得早，今天才看到你发的信息。首先要清楚的一点就是：老师教的技术不是百分之百的胜算率的，任何看似有十足把握的进场机会都有可能失败，期货技术只有相对，没有绝对。所以我们要理性看待盈亏，到达止损点的单子，无论当初进场时的条件多么完美，如果行情不按照我们预期的走，止损一定要坚决。但是我们无论盈亏，每笔单子都应该做好复盘，去检查失败的原因，并且牢记教训，避免下次再重蹈覆辙，这样才可能在失败中总结经验。钱亏了，总结到了经验，这个学费花得也是值得的，我先看看如图 7-9 所示的黄豆二号 1905 合约做多失败的原因在哪里。

图 7-9　黄豆二号 1905 合约 2 月 14 日 5 分钟走势图

在图 7-10 所示的黄豆二号 1905 合约 2 月 14 日 5 分钟走势中，三个向下箭头的三波下跌行情确实和“谐波交易之三推进陷阱做多法”基本特征有点相似。但是我把行情再往前推才发现，这压根儿就不是一波下跌行情底部形成的小五浪下跌行情，只是一波宽幅震荡中的一段下跌行情而已，而且行情一度跌破宽幅震荡下沿，这时候你应该结合其他周期分析，看看其他周期是否也是上涨行情，如果黄豆二号 1905 合约 60 分钟周期和日线周期都是上涨行情，那你做多还有可能成功，我们来看看黄豆二号 1905 合约 60 分钟周期和日线周期什么情况。

图 7-10　黄豆二号 1905 合约 2 月 14 日 5 分钟走势图

在图 7-11 所示的黄豆二号 1905 合约 2 月 14 日多周期走势中，黄豆二号 1905 合约 60 分钟周期是下跌行情，日线周期虽然近期是上涨行情，但是整体还是下跌趋势，5 分钟行情也是一个见顶后下跌的形态，从 5 分钟周期、60 分钟周期、日线周期上看，黄豆豆二 1905 合约长、中、短期周期都是弱势行情，这种情况下你还选择做多肯定是凶多吉

图 7-11　黄豆二号 1905 合约 2 月 14 日多周期走势图

少，我们上课时多次强调，用多周期配合来分析行情的强弱，这种三个周期都相对比较弱的行情，反而看空胜算会更大一点，下次可要注意了。

面授学员：李明飞

我经常看 5 分钟行情的时候就忘了看其他周期和相关联品种了，平时没开盘的时候还比较清醒，一开盘就感觉被行情带进去了，谢谢白老师。

附录：白云龙发表文章摘选

一、商品期货日内交易如何抓住领头羊品种？（摘自七禾网）

很多投资者问我：白云龙老师，我一般都是日内交易为主，但是有的时候我做某一品种空单，但是同类品种当天的跌幅都非常大，为什么我做空的品种跌幅却很小，有时甚至不跌。经常遇见这种情况非常困扰，能有什么方法既简单、又能快速地识别当天品种的领头羊品种？

首先想和这位投资者说一下，如果你做的是日内交易，首先要确定你所操作的品种适不适合日内交易，现在很多投资者看人家做日内交易，他也跟着做日内交易，而且什么品种都做，其实很多品种并不适合日内交易，首先你做日内交易就要先确定操作的周期，一般日内交易用3分钟、5分钟比较适合，很多投资者经常用1分钟进行日内交易，这就要看你日内交易的频率了，日内交易一般有两种模式：一种是高频交易，一种是日内波段交易。高频交易一般一天交易的频率少则几十个来回，多则上百个来回，这么高的交易频率用1分钟没问题，甚至有的投资者用秒周期进行交易。前提是你手续费要绝对的低，但是就目前的手续费标准而言，不太适合日内高频交易。

其实现在所说的日内交易通常指的就是日内波段交易，这种交易每天交易频率不会太高，一般几次交易。我现在很多都是一个品种一天最多一次交易而已，因为日内行情走势一般一天也就一两波行情。这种日内波段交易通常以3分钟、5分钟交易为主。那么，既然确定了日内交易的周期，我们就可以从这两个周期K线及走势的特点来分析哪些品种适合日内交易。以 5 分钟周期为例，要看 K 线的形态的完整性，只有 K 线足够完整，我们才能通过 K 线组合及形态来更准确地分析行情。

从附图 -1 所示沥青 1806 合约和螺纹 1810 合约 5 分钟走势中不难看出，沥青 1806 K 线形态上、下影线太多，基本无法通过 K 线组合及形态来判断行情的买卖点，K 线是期货分析中最重要的分析买卖点的工具，如果无法通过 K 线寻找买卖点，那么我们没等交易就先输一半了。我们再看螺纹 1810，K 线形态非常清晰，无论是顶部的射击之星，还是底部的身怀六甲都可以一眼看出来，这样的 K 线才利于我们更好地运用 K 线技术分析行情。

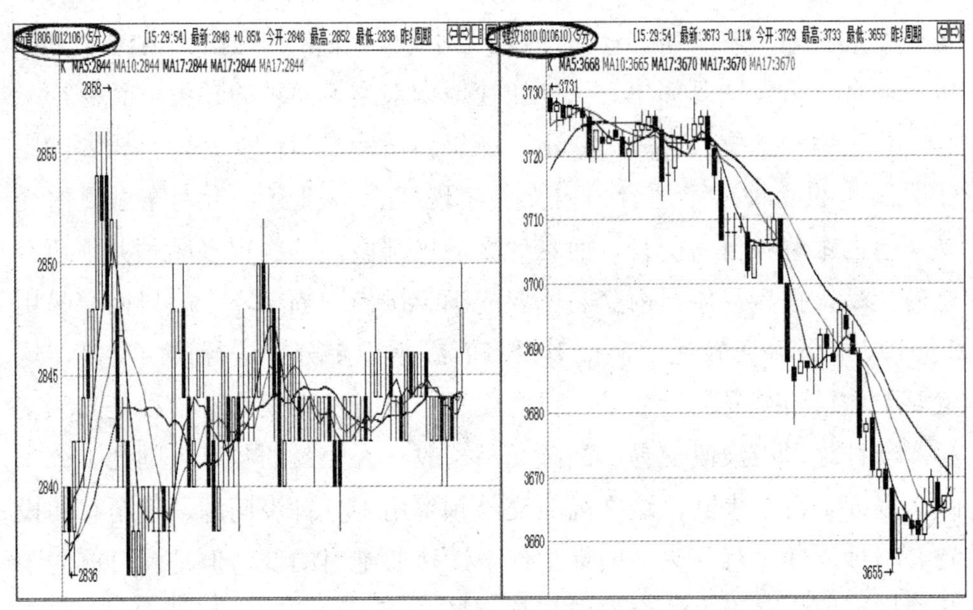

附图 -1　沥青 1806 合约和螺纹 1810 合约 5 分钟走势图

我们通过上面的实例知道了哪些品种适合做日内交易，那接下来我就和大家讲一下如何用最简单的方法判断上涨或下跌行情中同类品种中最弱或者最强的品种，这样我们下次就再也不会陷入买啥啥不涨、卖啥啥不跌的尴尬局面了。

在附图 -2 所示的铁矿石 1809 合约和螺纹 1810 合约走势中，也是当前主力合约。我们可以通过看谁先跌破当天或者前期的低点来判断。从图中不难看出，螺纹 1810 当天在 9：45 的时候率先跌破当天的低点，而铁矿 1809 在 11 点的时候才跌破当天的低点，从这一点就可以看出，当天螺纹 1810 合约要明显弱于铁矿石 1809 合约，如果今天你想做黑色系空单，首选肯定是螺纹 1810 合约。如果同时两个品种都做，一直拿到收盘，再明显不过了，螺纹 1810 获利空间是非常大的。这种方法既简单又实用，做多的道理和做空是一样的。

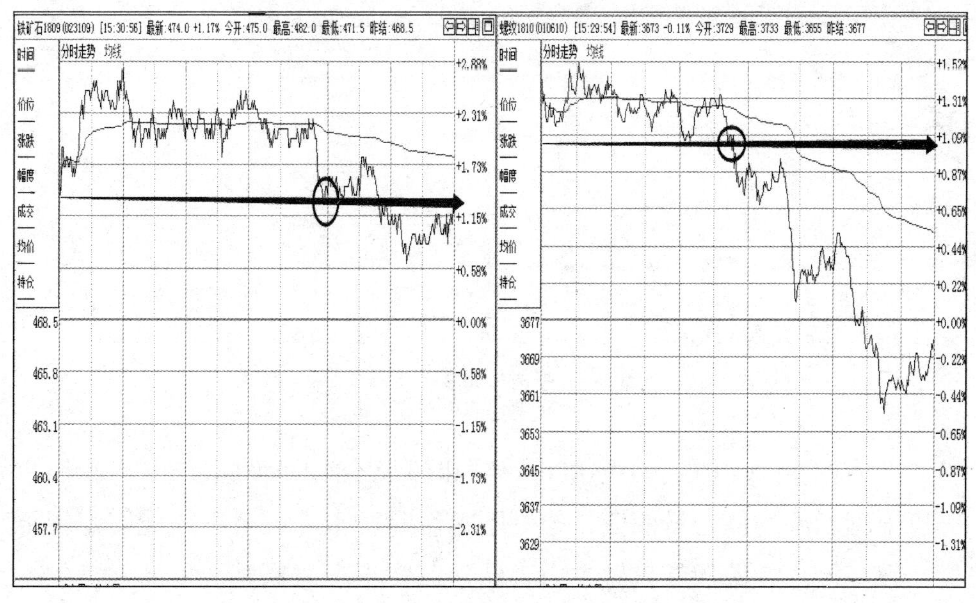

附图 -2 铁矿石 1809 合约和螺纹 1810 合约走势图

在附图 -3 所示的白银 1806 合约和黄金 1806 合约走势中，白银早早地就突破了今天的最高点。很多投资者会说黄金走势强，但是从整体的走势来看，白银 1806 的走势是温和上涨，这样的行情我们才可能有机会进场，黄金的上涨太过犀利，经常在 5 分钟 K 线走势中几分钟就爆拉上去了，这种爆拉行情我们投资者一般是很难反应过来进场的，当我们反应过来行情基本走完了，所以这种行情基本都是水中月、镜中花，好看但并不实用，而且经常是昙花一现地上涨，上涨动能不足。但是白银 1806 就好很多了，缓慢上涨才能给我们进场的时机和时间，而且白银的上涨动能持续。

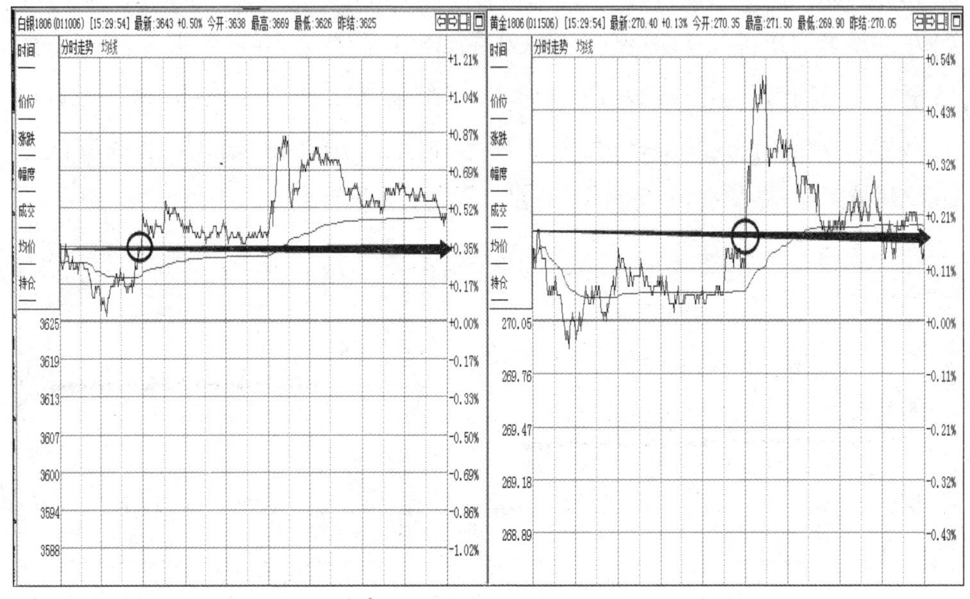

附图 -3　白银 1806 合约和黄金 1806 合约走势图

在附图 -4 所示的白银 1806 合约和白银 1812 合约走势中，我们也可以根据当天的持仓量的变化来判断哪个品种上涨或者下跌能够走得更好。很多投资者做期货只做主力合约，其实很多时候某一商品期货的主力合约并不是这个商品当天中走得最好的，我们看附图 -4，当天白银主力合约和次主力合约都在上涨，这个时候如果你选择了一个虽然上涨但是涨势不佳的合约肯定比较沮丧。那么如何判断主力和次主力合约，或者同类哪个上涨会持续得久呢？上一节我们通过率先突破高低点的方法为大家讲解了一种判断强势品种的方法，那么下面我们就以附图 -4 为例和大家讲解如何通过当天持仓量额变化来判断当天领头羊品种的方法，两种方法结合使用会增加我们分析的成功率。

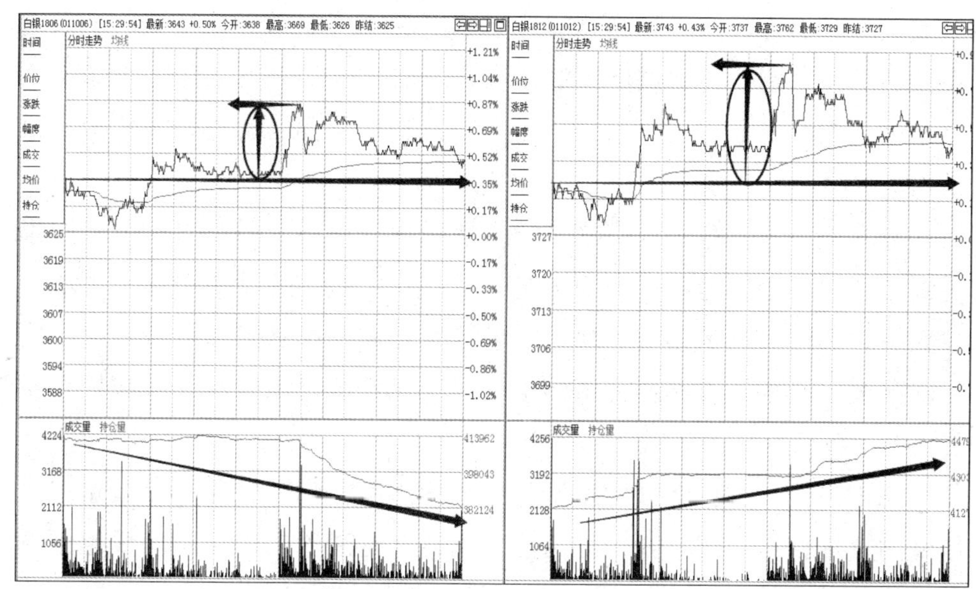

附图 -4　白银 1806 合约和白银 1812 合约走势图

如果你打算当天做多某个品种，那么建议一定要挑持仓量持续增加的品种来做，因为在期货市场中上涨一定要有量能才能上涨得持续，如果你发现某个品种上涨，但是持仓量是不断地减少的，那么这个品种上涨的动能值得怀疑，很可能是昙花一现的上涨，如果同类品种都在上涨，我们一定要找持仓增加的去做多，持仓增加的这个品种经常是同类上涨品种中涨势最好的，涨势能量持续最久的。

今天和大家讲解了寻找商品期货日内交易领头羊品种的两个小技巧，希望对大家的交易有所帮助，只用这两种方法就能在盘中快速地判断出领头羊品种还是远远不够的，希望大家能够多学期货技术，运用更多的技术来分析行情。

二、教你如何判断上涨趋势行情并持有

近期螺纹钢持续上涨，很多投资者问我最多的问题就是：螺纹是否

出现了上涨趋势行情，我的螺纹趋势多单到底可以拿多久？就这个问题我在这里和大家一起通过近期的螺纹行情走势来聊一下如何去判断某一个品种是否出现上涨趋势，并且如何去持有它让我们的盈利能够做到最大化。

本人也非常喜欢趋势交易，虽然我以日内短线交易为主，但是如果遇到了非常理想的趋势行情我也绝不放过。但是实际行情中真正出现一波大的趋势行情还是非常的少，大多数都是震荡形态的涨涨跌跌。如何判断此波上涨行情为趋势行情而不是昙花一现，也困扰着大多数期货投资者。

我们先聊一下什么样的行情是理想的上涨行情，首先一个衡量趋势最好的指标就是均线，我们知道任何指标都有滞后的现象，均线也不例外，用均线的金叉死叉为进场信号其实是很难稳定获利的，但是用均线运行方向来判断行情趋势却是非常好的参考依据。我们先看看如附图 -5 所示螺纹 1810 近期日线的走势。

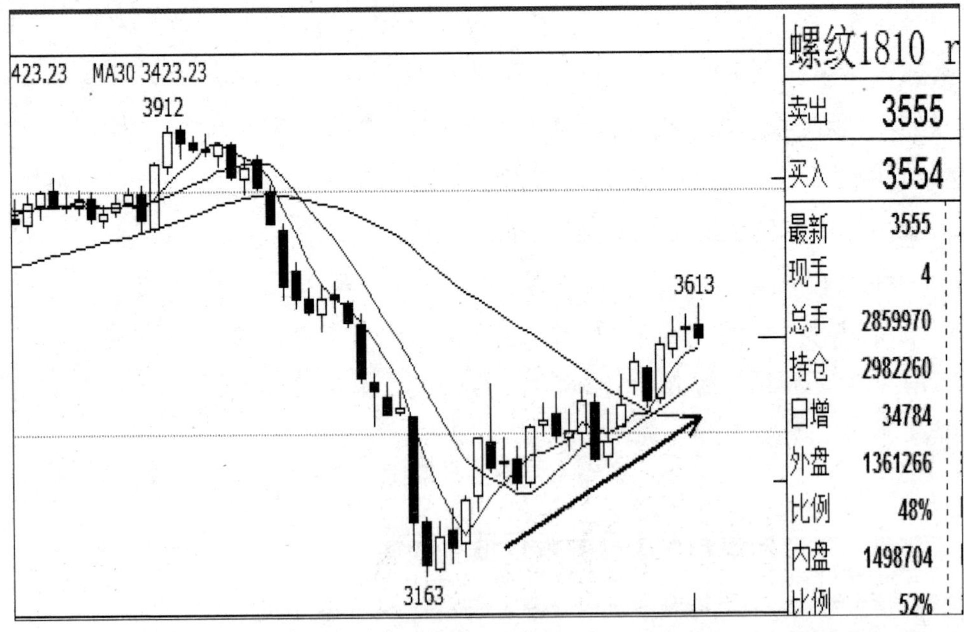

附图 -5 螺纹 1810 合约日 K 线走势图

从附图 -5 所示的螺纹 1810 合约日 K 线走势中不难发现，螺纹 1810 日线上 5 日、10 日、30 日均线分别出现了金叉，并且 5 日、10 日均线出现了明显的向上 45° 角运行的态势，30 日均线也基本由下行变成走平，单纯从目前的日线三条均线形态及运行走势可以告诉大家目前螺纹是上涨趋势，但是判断上涨趋势的形成单纯用一条均线是远远不够的，我们判断上涨趋势一定要加多几个参考指标依据，这样才能让我们的判断更加可信。

行情真正的上涨动能不是来源于几个指标的金叉就行的，行情上涨

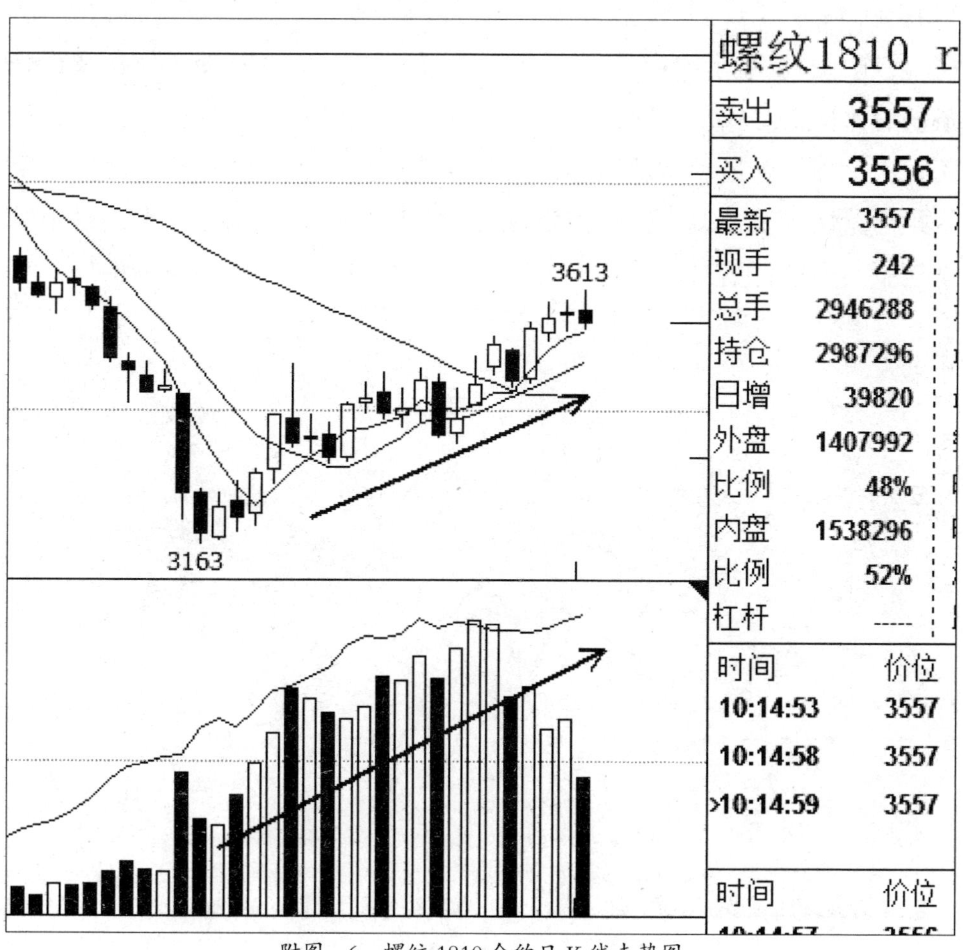

附图 -6　螺纹 1810 合约日 K 线走势图

真正的动能来源于量能，一个品种良性上涨只有量能源源不断地进入才可能把价格托起来，这里讲的量不是成交量而是持仓量，成交量只能代表某一品种的活跃度，不能代表真正的资金进场。只有持仓量不断增加的行情上涨才能证明此波上涨是良性的。

在附图 -6 所示的螺纹 1810 合约日 K 线走势中，我们看持仓量不难发现，当前螺纹 1810 合约的走势中，价格上涨，持仓量也在同步地增加。这种价量走势，本人对后市的螺纹 1810 合约上涨趋势非常看好。同时我们再看看最近 10 个交易日螺纹 1810 分时图中的持仓量的变化（如附图 -7 所示）。

在附图 -7 所示的走势中，最近 10 个交易日的分时图中价格和持仓量的对比图，螺纹 1810 合约这 10 个交易日经过了三次上涨，第一次和第三次上涨持仓量稳步地增加，是一个非常良性的上涨行情，第二波上涨持仓量出现了下跌，很多投资者可能会问了，白云龙老师是不是上涨动能不足啦？行情是不是马上就要下跌啦？如果听过我的培训课的学员

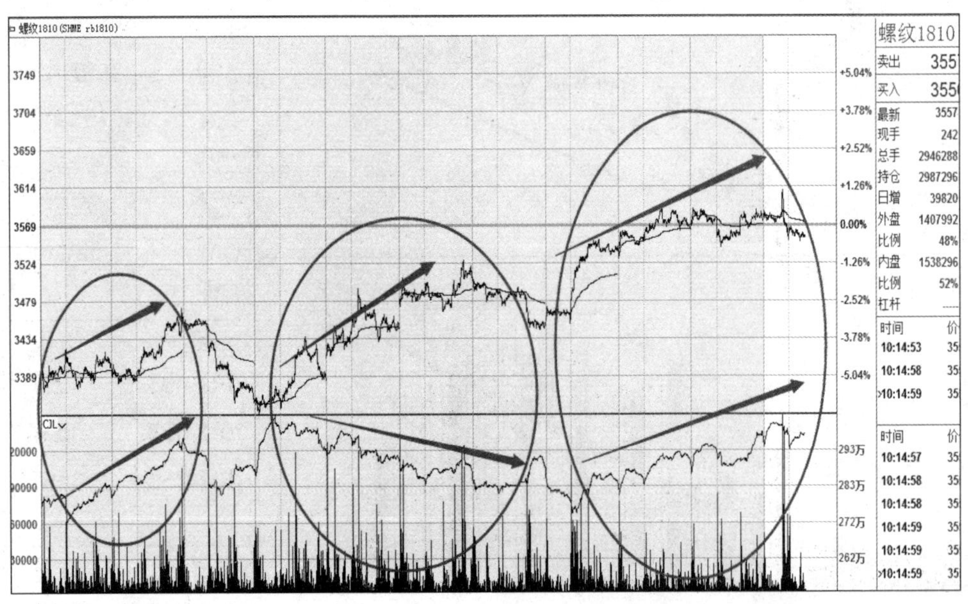

附图 -7　螺纹 1810 合约 10 个交易日分时走势图

应该不难看出来，第二波上涨行情的动能来源于什么？来源于空头平仓，但是持仓量不给力我们就盲目地判断多头行情要走坏了吗？大家在实际交易中千万不要盲目用单一指标把一次很有潜力的行情判了死刑，导致错过一次大赚的机会。如果我们发现行情持续地上涨而持仓不断地减少，如果我们做的是日线周期的趋势单，此时我们可以看 1 小时周期的走势，来判断是否价格上涨持仓量减少，行情是否真的走坏。

在附图 -8 所示的螺纹 1810 合约 1 小时 K 线周期走势中，只要价格不跌破 30 日均线，我们就不要恐慌地平掉多单，只有价格跌破了 1 小时周期的 30 日均线，我们才判断日线上涨趋势行情可能走坏。

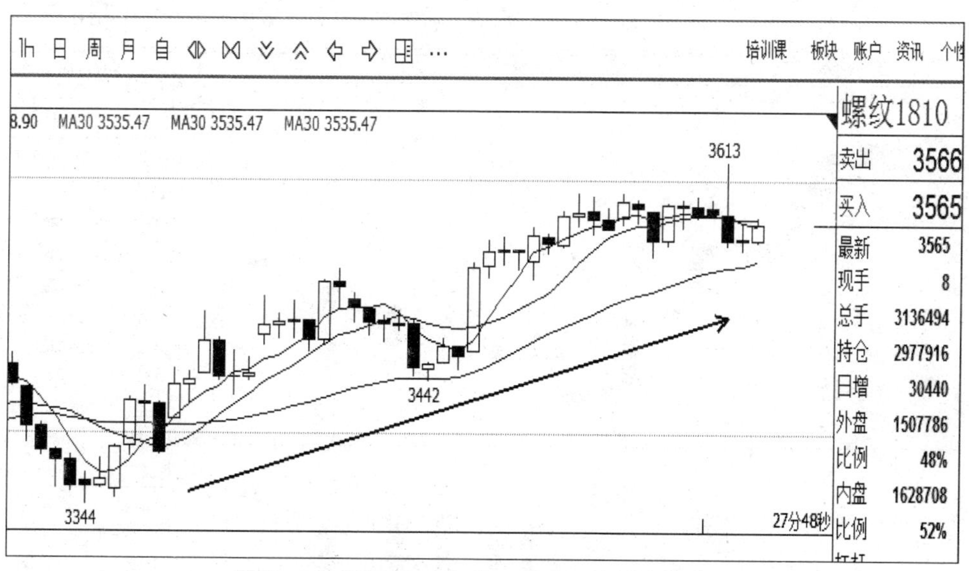

附图 -8 螺纹 1810 合约一小时 K 线周期走势图

用上一级行情判断大势的方向可能投资者都会做，但是用下一级判断上一级行情是否走坏，大多数投资者就很少用到了。在这里只是给大家通过最近的螺纹钢走势讲了一个最简单的通过大小周期来判断行情的技巧。在交易中运用期货技术一定要灵活，一个班的学员和我学的是一样的技术，但是有的能够把我教的技术运用自如，甚至可以参加期货实盘大赛拿冠军、季军等奖项，这就是能够灵活地运用所学的技术，而不是生搬硬套。均线配合了，持仓量也给力了，我们再用 MACD 指标配合一下，那么可以让这次螺纹 1810 合约的上涨更有说服力、更可行。

在附图 -9 所示的螺纹 1810 合约日 K 线走势中，MACD 这个指标很多人的用法就是金叉买死叉卖，但是当你真的用它做实盘的时候，你会亏得很惨，因为之前我都说过了，任何指标都是滞后的，指标不能左右价格的上涨与下跌，价格真正上涨与下跌的动能来源于量能。但是 MACD 却是衡量一个品种强弱的最好指标。最简单的就是 DIFF 和 DEA 两条线的位置，一般在 0 轴上时行情处在强势行情中，螺纹 1810 日线周期此时 DIFF 和 DEA 两条线正好处在上穿 0 轴的位置，后市走强的可能

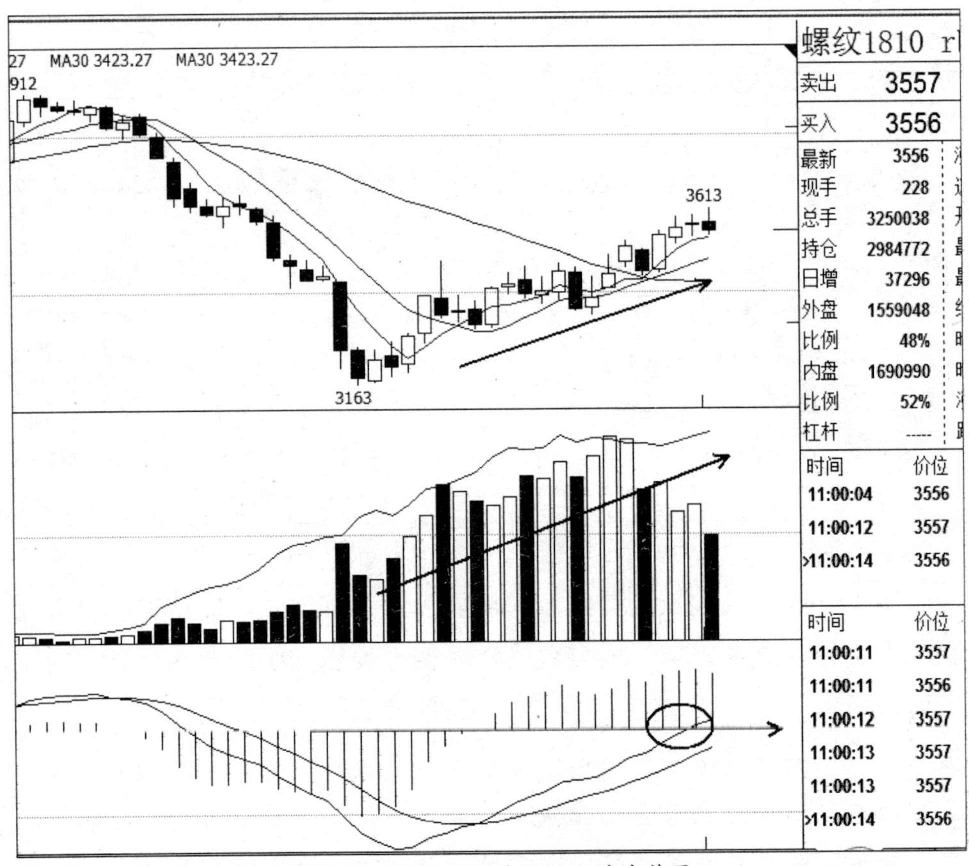

附图 -9 螺纹 1810 合约日 K 线走势图

性非常大。而且1小时周期DIFF和DEA两条线也处在0轴上。通过以上几个技术点向投资者讲解了如何判断上涨趋势行情，建议目前持有螺纹多单的投资者多单继续持有。

什么时候螺纹1810合约趋势多单出场？首先，1小时周期内的价格跌破30日均线，并且DIFF和DEA完全下0轴，同时MACD出现顶背离，以上出场条件都出现并不代表趋势多单全部离场、可以减仓，当日线周期价格跌破30日均线才是多单全部离场的最后信号。以上就是本人近期螺纹1810的走势为例，为大家简单地讲解了如何判断上涨趋势行情并且如何持有及出场。希望对大家的交易有所帮助，更多的实盘技术分享请关注公众号："广州智航"。

三、十八年职业操盘生涯，十八年如履薄冰(摘自七禾网)

七禾网1：白云龙老师您好，感谢您和七禾网进行深入对话。您是2000年就进入了私募从事期货操盘行业，至今已经18年了，是什么原因让您选择期货操盘手这个行业的？

白云龙：其实我1995年就开始接触期货了，我大学的专业是金融财经，1995年毕业，当时找工作与金融财经专业相对对口的就是证券和期货公司，那时候就是为了工作而工作，我选择去期货公司做业务。我老家是黑龙江省大庆市，当时在内地别说是期货了，做股票也不是很多人做，而且正好赶上国家对期货行业进行整治，当时的期货公司有点像现在的现货公司，有点乱，最多的时候有30多家交易所，整治之后剩下了现在大家所熟知的三家：大连、郑州和上海交易所。所以那时很难做业务，在期货公司做了差不多一年，实在干不下去就不干了，之后和几个同学来了广东几年做了其他行业，卖过水果、开过发廊，但是一直都在关注着期货行业的动态。

到了1998年赚了点钱就自己开始炒期货，当时做期货信心十足，觉得自己本身是学金融财经的，而且还在期货公司上过班，自认为比其他期货投资者有一定优势，但是事与愿违呀，自己也很用心地去学，但是还是亏，从 1998 年到 2000 年基本连着亏了 3 年。那 3 年是我一生中最黑暗的时期，到了 2000 年不但自己的积蓄全亏光了，还欠了大概有七八万元的外债。已经到了山穷水尽的地步，但是我还是相信期货市场是能赚到钱的，只是自己没找到赚钱的方法而已。正好这个时候一个机会进入一家专做港股还做一点国内期货的私募公司做实习操盘手，才开始和老师学习，正式开始了职业操盘职业。

七禾网 2：进入私募做实习盘手时收获最大的是什么？

白云龙：其实现在还庆幸当初能进入私募跟老师系统地学习期货操盘，如果当时自己还闭门造车地做，都不敢想象后果是什么样了，进入私募才知道自己交易的时候很多错误的交易理念和方法其实是不可行的，但是当时没有人能正确地指导你，只能自己看书照葫芦画瓢地做，而且当时关于期货技术的书市面上并不多，都是买些股票的书学来做期货。很多股票书中的方法其实在期货交易中不是很适用，但是自己不知道，导致用错误的方法交易期货。进入私募和老师学习期货技术后才知道自己当初的交易有太多的误区。进入私募做实习盘手最大的收获就是能和专业的盘手学到真正的期货技术，从而让自己的人生在此转折，期货操盘这个职业一干就是十八年。

七禾网 3：我知道您在 2002 年就自己开始组建期货工作室了，当时为什么有自己组建操盘室的想法？在操盘室建立之初遇到哪些困难？

白云龙：其实期货交易就是一张纸，没人点拨你永远不明白，有个明白人点拨你一下能让你豁然开朗，本身我进入这家私募公司做实习盘手前就有过三年的自己交易经历，而且当时基础比较好，毕竟也看了几十本关于交易的书，只是没能找到正确的交易方法和有些误区而已，进入私募公司后再经过老师的指导，老师帮我把我的交易系统和策略捋一捋，进步还是比较快，差不多实习了两年就基本可以独自交易了。我老师是香港人，2002 年有点事要回香港一段时间，也没说啥时候回来，他把他手上的一些账户都交给我和几个师兄弟管理，当时自己也接了几个资管账户。在这种情况下就自己和几个师兄弟单干了。

自己开始做操盘室肯定难，首先资金不是很稳定，其次就是当时的技术并不是太成熟。但是既然选择自己单干咬着牙也要坚持下去。前两年确实很难，2004 年我们团队参加了首创杯期货实盘大赛，在比赛获奖后有很多资金方找到我们，慢慢地，工作室才走向正规。

七禾网 4：一提到期货实盘大赛我想起来了，白老师你们工作室成立到现在团队曾经参加过很多次国内期货实盘大赛并且基本每次都能获得比较不错的成绩，冠军、季军都拿过，是国内操盘团队中获奖最多的，你们是如何做到的？

白云龙：参加期货实盘大赛的目的无非就是以下几点：①用期货实盘大赛成绩来证明我们的操盘能力；②时刻让自己保持最佳的竞技状态，我们和其他期货投资者不同，他们可能有主业，不是靠期货吃饭的。我们不同，我们是靠帮资金方交易来获取报酬来养家糊口的，期货交易是我们的第一职业，如果期货做不好那就意味着没饭吃，我们用在期货技术研究学习的精力是普通期货投资者的很多倍，所以才有今天大家看到的成绩。无论是冠军还是季军，这些成绩是我们无数个没白天没黑夜的技术研究，最后一看到行情都想吐的状态下得到的。现在我们对技术的研究都不敢松懈，基本每天用在交易和技术研究上都要八小时以上。因为客户都很现实，一旦你给他做亏了，他就有可能不会再找你了。

七禾网 5：我们都知道白老师您的交易风格是日内短线交易，当初为什么选择这个交易模式来进行交易？

白云龙：首先我要澄清一点，我的交易并不完全是日内交易，当天日盘或者夜盘时间完成开平仓的动作，我基本都是日内加波段的交易模式来交易。

七禾网6：什么情况下你会只做日内交易，什么情况下你会日内加波段交易，这个有什么衡量标准和依据吗？

白云龙：比如说，如果今天进场做多获利了，而且获利点位还是比较大，当收盘的时候如果今天同类品种都是下跌的，只有我操作的这个品种是上涨的，而且这个品种大趋势不是向上的，这种情况我基本获利了结，如果收盘时单子是亏损的铁定平仓。我现在基本不会持亏损的单子到下个交易日，除非进场之前就是做波段和中长线的单子，这就是日内的交易了。再举个例子，比如说还是做多，收盘时是盈利的，同类品种也都是上涨的，而且这个品种大趋势也是向上的这种单子我是会持仓隔夜的。

七禾网7：一般波段持仓大概时间是多少？

白云龙：这个看情况，如果行情配合持一两个星期也都有可能，不配合可能就两三天。什么时候到了止损或者止盈的条件才出来。

七禾网8：当初为什么会选择日内短线加波段的交易模式来进行期货交易？

白云龙：其实这与我的期货经历有关，任何一个职业期货操盘手都是从散户一步一步地过来的，我也是一样，当初自己交易的时候也经历过N次的爆仓，如果现在哪位期货高手说从来没爆过仓那都是骗人的，做任何行业都是从失败中总结经验，然后才能越做越好，期货行业也是一样。在我经历了多次爆仓后我对我的爆仓原因作了一个分析，基本大部分爆仓的原因都是持仓隔夜造成的，很多时候连续获利一个月就因为一次砍仓手软使自己功亏一篑。把自己的命运留给市场是件非常愚蠢的事情。

所以我开始尝试日内短线加波段这种交易模式，当天亏损的单子绝不隔夜，只持盈利的单子隔夜，用盈利的部分去承担隔夜的风险要比用自己的本金去承担隔夜的风险要好得多。从那以后才发现这种模式比较适合我。慢慢地，爆仓少了，交易也开始稳定了。

七禾网 9：白老师您是以基本面还是技术面为切入点来进行交易的？

白云龙：如果是单纯的日内短线交易是不看基本面的，因为持仓分成短，短到有时持仓就几分钟，单子当天开平仓，这么短的周期基本面的变化是很难影响到你的日内交易。如果散户做日内短线，建议不要看基本面，看多了反而会影响你的交易。当你操作大资金几百万、上千万的，这么大的资金只做日内短线显然不太可能，肯定要做中长线及套利的交易，做中长线和套利由于持仓比较长，那肯定要考虑基本面的问题。

七禾网 10：白老师您和您的团队是主观交易还是程序化交易？

白云龙：2000 年初那时候基本都是主观交易，那时候基本还没程序化交易这一说。这些年随着交易软件的越来越专业化，程序化交易才逐渐成熟起来，我们公司操盘手目前也都开始做程序化交易了，但是不能完全地依赖程序化，是主观交易和程序化交易结合着做，因为两者之间有各自的优点，同时也有各自的不足，只有结合着使用才可能使交易效果发挥到极致。

七禾网 11：能不能给大家举几个例子？

白云龙：比如说平时我们看期货行情走势时，最多也就能监控到几个品种的行情走势并且发现进场的机会，其他看不到的品种如果出现进场机会也只能错过了，但是通过程序化可以帮我们监控到所有品种，哪个品种出现了我们特定的进场条件系统就会发出警示，我们就可以第一时间发现它并且进行操作，这样就不会错过任何进场的技术，这点单纯的用人盯是很难做到的，即使能做到也要大量的人工来定，这个就可以让程序化帮我们来做，可以节省很多人工成本。

但是程序化也有不足的一面，程序化只能按照设置的特定条件作出买卖提示，但是很难判断比如前高点、次高点、上涨行情、下跌行情、整体联动的市场的即时变化，这就导致了很多人用程序化交易并不能持续盈利的主要原因，上涨行情中做多肯定赚得盆满钵满，但是下跌及震荡行情程序化其实很难识别的，这就导致以上情况下系统还不断地提示买入，那就有可能造成不断的亏损。所以这个时候就需要人为地主观去判断，判断现在程序化提示的进场信号是否适合进场。这样主观和程序化结合着去交易才能让我们的交易系统尽善尽美。我们帮很多投资者编写程序化交易系统，都提醒他们软件虽好切勿过分依赖，程序化只是我们的一个交易参考依据而已。

七禾网 12：主观交易时您主要依据哪些数据来进行买卖？

白云龙：一般我交易主要是 K 线为主，指标为辅，K 线是体现价格走势的最能从中捕捉战机的，指标只能作为交易的辅助工具而已，用来过滤假信号提高买卖点胜算率是没问题的，但是单独用它作为进场依据有点不太适合，价格的上涨与下跌和指标没有任何关系，指标的金叉死叉是价格上涨下跌所决定的，换句话说，先有价格上涨和下跌，才有指标金叉和死叉。

七禾网 13：很多散户说做短线赚钱快可以资金复利增长，你怎么看？

白云龙：其实这完全是个误区，短线交易确实可以让小资金快速地翻倍增长，这从实盘大赛中就能看出来，你看轻量组的选手半年翻十倍、八倍非常正常，为什么重量组就很难做到这样的资金增长？因为你小资金的时候你一次下五手，系统立即就可以给你成交，但是你一次下500手你试试，500手可能都立即给你成交吗？中国期货市场资金体量就这么大，小资金翻倍好翻，但是随着资金越大越难翻倍了，甚至有的投资者说期货复利资金翻倍增长这样下来几年就成世界首富了，有这种想法的投资者只能说他们还对期货行业了解不深，太业余了。

首先能做到期货复利必须有过硬的技术，基本要全职做期货才行，我们很多盘手没进入公司前自己全职做期货，交易是非常稳定，但是资金太少，几万元资金一个月获利20%左右。这么算一个月也能赚几千元，如果抛开人不吃不喝，抛开市场体量无限大，理论上是可以财富复利增长，几年后几万元本金就变成了几百万元甚至几千万元。但是你是人不是机器呀，要吃喝要消费，基本一个月赚的几千元只够日常消费的，很多散户确实做得非常好，却很难真正做到资金复利增长，所以这些就是很多散户高手最终都想进入私募操盘的主要原因。有技术想做的财富稳定增长，第一你要有资金，第二你要有平台，这两点只有专业的私募能给你。

七禾网14：我也看过白老师实盘大赛交易的一些数据，基本都是空单为主，是比赛当时的行情让你选择做空，还是一直以来就是喜欢以做空为主？

白云龙：没错，我确实喜欢做空单，而且我在期货市场赚到的钱大部分都是做空赚的，尤其实盘大赛资金翻数倍的时候。这里可以和大家分享一下，现在很多期货投资者是从股票市场中转过来的，这类投资者有一个通病就是总是喜欢做多，非常不习惯做空。但是期货市场并不是什么行情都适合做多，我们如果仔细观察期货走势，一般上涨行情都喜欢三步一回头地上涨，可能100个点要磨磨叽叽走上个把月，但是跌的时候又像瀑布似的暴跌，100 个点有时两三个交易日就下来了。

尤其黑色系、化工、金属。我做期货之前没有做过股票，等于接触金融投资就是做的期货，所以我觉得做多的时候太过磨叽，所以着重研究做空的交易技巧。这只是个人习惯而已，做期货就是投机行为，以赚钱为目的，做多做空无所谓，只要能赚钱就行。期货投资者可以根据自己的交易习惯和特点着重研究某种交易方式，术业有专攻，怎么做无所谓，最终能达到获利的目的就行。

七禾网 15：什么品种都做空还是专注某几个品种进行做空交易？

白云龙：肯定不能所有品种都去做空，有些不适合，我认为黑色系、化工类、金属类比较适合做空交易。

七禾网 16：黑色系这两年出现了一波上涨行情，你觉得 2018 年还会继续下去吗？或者说会有哪些机会？

白云龙：继续上涨不好说，我在 2017 年经济周期与中国黑色系产业链报告会曾经说过，黑色系如果 2018 年还能继续上涨，一定要迈过三座大山，以螺纹钢为例第一座大山就是前期下跌头肩顶的颈线，第二就是 4000 点的整数关口，第三就是波浪理论五浪的高点。三座大山的压力是螺纹钢自上市以来上涨行情遇到的最大的一次压力。想 2018 年继续上涨必须站上 4000 点，否则只能高位震荡或者下跌。

七禾网 17：您认为现在的期货投资者亏多赢少的主要原因在哪里？

白云龙：第一，期货风险意识不够，上午开户下午就交易的投资者大有人在。根本没意识到你在从事着一个高风险的行业，可能这个时候他们都在想着高回报，只看到了期货圈那些期货神话，却忽视了期货的风险。

第二，不能花时间系统地去学习，现在很多期货投资者你让他先学半年再做，他们觉得你在耽误他们赚钱的时间，他们可能在想半年后我可能也成为期货界的神话，但是他们却没用心去想想那些期货神话缔造者所付出的非常人的努力。只有有过硬的技术、良好的心态和执行力，才能成为期货神话的缔造者。

第三，赌性十足，进场不是靠技术完全靠运气，这类投资者来得快被淘汰也快，因为期货交易是个技术性非常强的工作，运气可以一时但是不可以一世地好。

第四，太过自以为是，不要一厢情愿地以为哪个点位就是低点，就是高点你要有合理的根据才行。而不是凭感觉，太过自我只能被市场所惩罚。要敬畏市场，做到进出有据才行。总是认为那么多做期货亏损甚至被淘汰和自己没关系，自己有能力创造期货神话，但是最终大部分都成了被淘汰的那部分人。

第五，不懂止损，这是大多数亏钱期货投资者的通病。其实期货做得好的投资者并不一定进场有多厉害，基本都是止损、止盈做得好，才会笑到最后。

七禾网18：您团队在招盘手的时候最看重的是盘手哪方面的优势？

白云龙：止损的能力，止损的能力强弱决定了一个人适不适合从事操盘手这个职业。

七禾网19：您觉得一个期货散户自己摸索着学习成为职业操盘手需要多久？都要在哪方面加强？

白云龙：靠自己摸石头过河学习想成为职业操盘手是非常难的一件事，我也曾经是个散户，但是在连续亏了三年还是无法研究一套稳定的交易系统，不是不用功，我当时基本是夜以继日地看期货技术书，看过的书都不下几十本，每天都模拟实盘结合着去演练，但是还是亏得一塌糊涂，甚至都没勇气下单，下单后犹如惊弓之鸟战战兢兢。直到进入私募才知道自己有哪些不足，才知道很多看似有用的技术其实在实战中并不适合资金，真正能赚钱的技术反而忽略了。

现在太多的散户每天自己摸索着尝试着各种技术，技术学了不少但是就不赚钱。最终资金亏没了不得不含恨离场。到被淘汰的那天都不知道自己到底哪里做得不够好。从历届期货实盘就可以看出来，排名靠前的基本都是私募或者期货工作室经过专业培训的职业操盘手。我们公司签约的盘手 80%都有接受过专业培训的经历，或者是我们学员在其他公司接受过培训，建议有条件的投资者可以找一些有经验的期货高手带带，会让你在期货交易上少走很多弯路，起码少亏几年冤枉钱。有的时候专业人士几句经验之谈就胜过你自己摸索几年的。

七禾网 20：我知道白老师您现在帮国内多家私募或者期货工作室代培职业操盘手，也是我们七禾网融界教育学院广州分院的院长，长期帮期货公司、期货私募或者期货工作室培训期货操盘人员，参加培训的盘手最终学成能走向职业操盘手的比例有多少？

白云龙：期货操盘手本身就是精英行业，不可能所有人都适合做，很多人经常问我一句话，白老师我和你学期货技术能不能也做到年资金翻 N 倍，或者期货实盘大赛拿冠军。我只想告诉他我能有这些成绩只能代表我的技术没问题，但是最终学习者能否达到我的水平，还要取决于学习者个人自述的悟性和努力。

一个老师教 50 个学生，考试你觉得 50 个学生能分数一样吗？当然不可能一样，可能有的打 100 分有的不及格，50 个学生都是学习一样的知识为什么会有不同的学习效果。不是老师教的问题，而是学员自身的条件决定了你的最终学习情况。但是肯定的一点是，受过专业培训的投资者成功率远远多于靠自己摸索着学习的投资者。所以，建议有条件的投资者可以找专业人士进行系统专业的学习，可以让你在交易上少走很多弯路，没条件的只能买些书摸索着学习，如果有喜欢短线交易的投资者可以看看我2018年的期货实战新书《期货日内短线复利密码》，应该会对大家的交易有所启迪。

七禾网21：这本书我前几天也拜读过，实战性还是不错的，确实值得散户投资者看看，您觉得这本书最大的亮点在哪里？

白云龙： 我做期货这么多年，接触了形形色色的投资者，大部分做期货都没什么系统，都是随心所欲做，太过随意。这种做期货的理念和交易方式想长期在期货市场上生存肯定是不行的，期货交易是个技术含量非常高的行业，你不专业，当然凶多吉少。尤其现在期货散户又以短线交易居多，在这种情况下我萌发了通过18年的职业操盘经历写一部关于短线交易的期货技术书，希望能对期货投资者在交易中有所帮助。这本书的亮点就是：从私募职业操盘手的角度讲解如何系统地进行期货短线交易，让期货投资者能在短时间内学到专业的期货操盘理念和交易技巧。想通过一本书就能完全做好日内短线还远远不够，但是这本书一定会对广大的投资者日内短线交易有所启迪和帮助，想真正做好期货交易还是要更加深入系统地学习期货技术才行。

七禾网22：您从事操盘工作18年了，也曾自己或者带领团队多次在期货实盘大赛获奖，是业内公认的实战派高手，被业内同仁称为“期货常青树”，您觉得哪些与众不同的地方让您能有今天的成绩？

白云龙： 说白了就是止损做得好，我现在一笔单子到了止损点位会毫不犹豫地砍掉，不会再有任何犹豫和幻想，因为我也是从散户过来的，就是犹豫和幻想让自己经历了N次的爆仓。说难听点就是亏怕了，曾经多少次手软让自己到了万劫不复的地步，想想就后怕。18年来每天交易都如履薄冰。每笔单子都要小心翼翼，太多的同行做了几十年就因为一次大意或者手软最后“晚节不保”。这些真实案例时刻提醒着我自己——严格止损，严格止损，严格止损。

七禾网 23：白老师您觉得做期货成功的标准是什么？是期货实盘大赛冠军就是成功了吗？

白云龙：不能单纯地用期货实盘大赛的荣誉作为期货的成功标准，期货市场太多昙花一现的高手了，但是能在全国期货实盘大赛上获奖确实有着常人达不到的操盘能力，毕竟期货实盘大赛不是一天两天的事，一般都是半年左右的一个周期。一天两天赚钱可能是运气，但是想半年都持续盈利肯定要有一套能持续盈利的交易系统和策略才行。

我身边有很多以交易为生的投资者，十年前账号上有 100 万元每天在交易，十年后的今天账户上还能有 100 万元在做交易，他们并不能在期货实盘大赛上取得很好的成绩，但是每年的期货收益都非常可观，期货市场不缺明星，但是就是缺这种寿星。最终能通过期货提高自己的生活质量，实现财富自由，这才是真正的成功。实盘大赛只能代表你曾经的辉煌，但是想长期稳定获利还任重道远。

七禾网 24：您是个期货交易非常成功的人，为什么会经常告诫身边的人不要碰期货？

白云龙：因为期货交易对投资者的要求非常高，风险也大，普通投资者只看到了你的成功，却看不到你多次爆仓的经历，看不到你夜以继日研究期货技术的时候。在没有准备充足的情况下就进入这个市场亏钱的概率非常大。我是全职做期货的，可以一天所有的精力和时间都用在期货研究上面，但是目前散户基本都是兼职做期货，每天能用在期货研究方面毕竟是有限的。交易不连贯，学习时间有限，在这种情况下想期货成功是非常难的，如果还没进入这个行业的，我都建议不要进入为妙。

七禾网 25：最后谈一谈“广州智航投资”2018 年有哪些业务计划和安排？

白云龙：在这里首先要感谢期货同仁以及广大的期货投资者对我们“广州智航投资”多年来的支持与认可，前几天和七禾网融界教育学院的林总进行了一个深度交流，2018 年首先要将在私募产品发行及盘手资源共享方面和七禾网做一个深度的合作。其次就是关于期货人才培训方面的合作，我们之前培训业务主要服务于期货公司，私募和期货工作室等机构。针对散户专业的期货操盘培训并不多。去年总共举办了十几场培训，只有两场是针对散户投资者的。

2018 年将和包括七禾网在内的和讯网、文华财经等多家平台针对散户投资者的培训进行合作。2018 年七禾网融界教育学院广州分院将在广州成立，这将是七禾网和广州智航投资的强强联手，这样能各自发挥各自的优势，让我们各自的优势更有价值。希望通过我们共同的努力能让更多期货投资者走出困境，最终能通过期货交易实现人生财富梦想。

四、“期货常青树”带你少走弯路(摘自和讯网)

18 年间在国内多家私募及期货工作室担任操盘手及技术总监一职，目前由白云龙老师为资金方组建的期货工作室及团队多达数十家。自己公司签约盘手几十人。

和讯网：关注财经，关注和讯，各位网友，大家好，欢迎走进今天的期货高手访谈。我们今天邀请到的是白云龙白老师，在节目开始之前，我们先给大家介绍一下白云龙白老师。白老师是广州智航投资教育咨询有限公司董事、广州智航投资俱乐部创始人、广州智航旗下多家期货工作室的技术总监、七禾网融界教育学院广州分院的院长，也是 2013 年度中国金融品牌建设十大杰出人物，2015 年第九届期货实盘大赛战绩资金翻了 5.3334 倍，也是 2018 年最新期货力作《期货日内短线复制密码》的作者，2012 年的团队盘手获得了瑞奇杯全国期货实盘大赛的冠军，2013

年团队盘手CCTV证券资讯频道天纵期才全国期货实盘大赛轻量组的季军，我们先有请白云龙白老师和网友们打一个招呼。

白云龙：和讯的网友大家早上好。

和讯网：白老师，我想问您一下，您是在怎样的一个契机之下走进期货市场的？

白云龙：其实我上学的时候是学金融财经的，1995年毕业之后，因为那个时候找工作都讲究对口，金融财经的话，无论你会不会做期货股票也好，第一选择就是证券公司或者期货公司，那个时候我进的就是期货公司做业务。当时期货业务并不好做，因为那时候期货市场还是一个初级阶段，而且1993年国家进行一个整治之后，就跟现在的现货差不多，现货现在有几十家也开始在整治，当时期货也是同样的。当时交易所有50多家，被精简到只有3家，就是我们现在熟知的大连、郑州和上海，这个时候做期货的氛围不是很好，而且那个时候很多投资者连股票都不怎么去做，期货两个字很多人都没有听过，所以很难开展。所以我在期货公司做业务做了一年左右就没做了，因为做不下去了。

1996年的时候就来广州这边，开始的时候并没有去做金融行业，开始从事过发廊，但是始终对期货这个行业比较关注，最后我自己做发廊赚了点钱，手又痒，就去做交易，从1998年到2000年这三年基本是稳定的亏损，因为那个时候觉得自己做期货可能比别人有优势，第一，自己学金融专业的；第二，自己在期货公司上过班。但真正你要做交易的话，跟做业务是截然不同的，所以连着亏了3年之后，我对这个东西非常的失望，但还不甘心，又不想回去做发廊或其他的生意，觉得期货还是有机会的。

那个时候我经过同学介绍去一个操盘室做实习生，那个时候没有所谓私募的概念，投资公司也没有，其实就是一个操盘室。机缘巧合正式地进入期货操盘手行业来进行学习。从那个时候开始，才真正懂得了期货交易跟散户思维是不一样的，现在很多散户的交易是随心所欲的，没有套路的，其实期货交易，从我进入这个工作室之后，跟职业盘手去学这个东西才知道，期货交易是需要有套路地去做，技术含量是非常高的一个行业，所以我们做期货也是这样，希望投资者想做好交易一定要好好学习。

2000 年进入工作室操作之后，经过两年的学习就把一些散户里出现的问题已经解决了，那时候觉得自己可以了，2002 年自己带了几个人，那时候也有点资金，大概有几十万元，其实 2002 年几十万元资金很不错了，自己组建了第一家期货工作室，就是领航者工作室，很多老期货投资者的都知道这个名字，现在就淡化了，因为现在我们公司都是以广州智航来作为我们工作室的名字了。从 2002 年做到 2008 年底，成立了第一家公司，说是公司就是一个工作室的升级版，工作室叫 1.0，投资公司就叫 2.0，对业务上进行了一个强化，就是深圳志赢投资有限公司，有很多老期货都知道这家公司，那时候也是我一个人带着一帮操盘手做起来的。到了 2010 年后来回广州开了广州智航投资有限公司，一直到现在，期间开了广州智航投资俱乐部，还有和七禾网合作的融界交易的广州分院，这就是我做期货从开始到现在的一个过程。

和讯网：白老师我听您说，您从 20 世纪 90 年代就开始做期货，然后一步一步这样做起来，其中应该有最难的阶段，这个阶段您是怎样克服的？

白云龙：我从做期货行业最开始操盘室建立到现在，经历了两个最难点。第一个最难点就是 2002 年的时候自己初建这个操盘室，因为开始的时候，第一点技术还不稳定，第二点资金来源也不固定，那时候是我期货生涯到现在最难的时期，2002 年到 2004 年，这 3 年基本收入不是很稳定，朝不保夕那种感觉。这个过程中我们不断地去强化技术，资金来源做得不是太好，那个时候如果坚持不住的话，确实就做不下去了，几年基本是零收入。

到 2004 年出现了转机，因为那时候我们觉得这么做下去肯定不行的，因为我们资质很弱，刚开始也很多人不相信我们，而且那时候做的都是二十几岁的小伙子，有钱的人不相信你，有的时候拿 10 万元、20 万元给你交易都不放心，而且你的战绩人家也不知道。2004 年开始，我们开始想到了一条路，怎么去把咱们事业稳定起来，就是参加各种期货实盘大赛。到 2004 年的时候，我们参加了第一次是首创杯的期货实盘大赛，当时就拿奖了，因为我们参加比赛的目的，就是主要给一些意向投资者展示我们的实力，让他们知道我们能在实盘大赛获奖，再把资金放在我们这里时可能更放心一点。

到了 2008 年金融危机，这也是在我们做操盘室过程中的一个艰难时期，为什么？金融危机的时候，连续七八个跌停板都有的，而且跌停板都是一字板，开盘就是跌停价，连着七八天。我们当时的资金大概有七八百万元，七八百万元一下就没了，它不是亏没了，有很多就是资方撤资了，因为金融危机，有很多在我们这做资金方，比如说他是做煤炭的，他是做外汇的，他是做实体的，金融危机导致他的主业已经做不下去了，他放你这几十万元、上百万元，他也没心情做了。

当时我记得撤资最严重的时候，基本是手上资金都被撤光了，所以 2008 年我们出现了一个非常艰难的阶段，几乎是灭顶之灾。最终经过了一年的时间，这一年时间金融危机这个风头过去，我们才慢慢地熬过来，到 2010 年又重新在广州建立了广州智航投资教育有限公司，到现在才慢慢地又好起来的，两个非常难的阶段，但是都挺过来了。

和讯网：白老师，您从第一手橡胶开始到现在资管 5000 万，最大的感触是什么？

白云龙：最大的感触是什么呢，因为最开始做期货，我正式进入期货操盘手行业是 2000 年，那时候在工作室是 20 多岁的一个毛头小伙子，到现在是属于中年大叔了，这个过程中，其实我感触最大的就是性格的一个转变，其实做期货就是一场性格的修行，开始做期货的时候比较毛躁，而且性格也比较暴躁，是个急性子，说白了那个时候做什么事情也都是没有一个大概的规律性，计划做得不好。

但经过做期货磨炼，我慢慢地发现，自己的性格变好了，我现在是一个典型的慢性子，也不急了，比如说以前开车，在路上如果有人违章，我就会很暴躁，现在我基本跟路怒没有什么联系了，这就是期货给我带来的一个最大的感触，性格转变了。

期货行业有一句话，大家应该知道，做期货做得好的，人品都不差，这句话诠释的是什么呢，做期货是一个非常好的对自己性格的磨炼，就是这个过程。但是并不一定说是人品差的就做期货做得不好，也不能这么说，只能说亏钱的人做期货的时候，人性的弱点被明显地放大了，比如说贪婪恐惧这些弱点会被明显地放大了；而赢家在做期货的时候，有利的一面被无限地延伸了，比如说稳重、持单能力、纪律性，所以做期货第一感触的就是把一个人磨得性格变得更好，在这个市场一定要敬畏市场，我做期货到现在，职业操盘 18 年了，还是非常敬畏市场，每天做单都如履薄冰，千万不要把我们的命运交给市场，一定要记住这一点。归根结底，止损还是一定要严格，让命运永远抓在自己手里。

和讯网：那您为什么选择日内短线这种交易风格呢？

白云龙：其实说难听点亏怕了，任何一个盘手也好，任何一个实盘大赛冠军也好，无论你在期货实盘大赛拿过多少的奖，不可能没有爆仓的经历，如果说一个人作为一个非常优秀的期货投资者，他说他从来没有爆仓的经历，这是骗你的。任何成功的交易者都是经过 N 次的爆仓才能走到今天，天天还有钱在交易。其实一个人并不一定说我非要拿什么冠军，只要十年前你有 100 万元在交易，十年后还有 100 万元在交易，这就是一种成功。

期货市场不缺明星，缺寿星，所以我亏怕了，我总结出来一些自己大亏的原因，有一大部分就是持仓隔夜造成的。把自己的命运交给了市场。我知道持仓隔夜的风险有多大，而且当时自己的资金并不太多的时候，我就选择了一个能控制风险的方法，就是日内交易，当然今天实盘秀的时候我也说了，有人说白老师你是以日内交易为主，是片面的，日内交易是我的爱好，但是我的交易风格是日内加波段，并不是所有的单子都是当天开平仓，那种做法也很累，尤其现在日内越来越不好做，手续费又提高了，交易所又做了很多限制，这种情况下你就很难去做日内了，所以现在做周期都尽量地放大。

做日内交易的第一好处就是不承担隔夜风险，第二就是小资金短期内可以让盈利最大化，比如说投资者都知道，现在投资者资金都不大，据统计资金在 10 万元以下的投资者，大概 80%以上，我认识的很多投资者都是万八千在做，那你这么小的资金做套利做中长线布局是不可能的，那只能做做日内交易，而且很多中小资金的投资者，本来抗风险能力就差，做日内第一自己能够把握风险，第二可以短期内最大化地磨炼技术，这是我选择日内交易的主要原因。

和讯网：我还想请教一下白老师，您的著作叫做《期货日内短线复利密码》，这本书里有哪些亮点呢？

白云龙：我接触的投资者大部分是资金小的，基本都以日内交易为主，很多投资者经常来问我，说白老师你是做日内的，你经常问我该怎么做，有很多人做日内都是盲目地去做，就像很多投资者刚开始做期货，日内开盘一秒钟就敢进场，我说这种是大错特错的，开盘一秒钟你都不知道市场怎么走，你就进去赌，你肯定是凶多吉少。因为我们去验证一种方法可行不可行，一定要经过实盘演练才知道。

比如你开盘一秒钟抢进，你连着做 20 次，如果你连着 20 次下来是赚钱的，证明这种方法可行，如果你连续 20 次都是亏钱的，就证明这个方法不行，要淘汰掉的。所以有很多人问我这些日内交易的心得，我就根据这个写了一些日内交易技术的著作。比如说开盘前你要做什么，开盘后你要怎么去选择一些主要交易的品种，怎么选择品种中的领头羊，包括日内交易常用的一些经典出场方法，如果你想通过这本书达到稳定获利，我觉得有点牵强，但是通过这本书对你有一些启迪，肯定是有的。如果有机会的话，大家可以去购买看一看，可能对大家以后的日内交易有很大的帮助，因为这本书现在有几个期货公司也在推荐给他们的客户，做日内交易这本书可读性是非常好的。

和讯网：有时间我一定拜读一下。白老师如果说像我们这样的期货新手，在您的学习系统中，应该怎样去学习才能少走弯路，减少亏损？比如我自己买了您的书或者其他相关的课程，是自己学好，还是有老师带着学比较好？

白云龙：现在有很多投资者非常困惑，做期货困惑到什么程度呢，买了上百本书，但是还是抓不到重点，有的时候跟我交流，白老师我什么都懂，但是就是赚不到钱，一说什么都明白。很多投资者都有这样的困惑，因为他不知道重点，学语文、数学、英语才是考大学的主科，你非得学历史、体育加音乐，你永远考不上清华、北大，现在很多投资者就是学不到重点，很困惑，越学越迷茫。今天用江恩理论，明天用道氏理论，后天用海龟理论，大后天用混沌理论，用几天都觉得不灵，真正在市场能赚钱的就那些东西，所以你买书看是对我们的技术的一个普及，但是我还是建议广大投资者找一个老手去带一下，因为你买书看，摸着石头过河，会交很多学费，包括亏损的，现在很多投资者迷迷糊糊进入这个市场，稀里糊涂赚，稀里糊涂赔，最后稀里糊涂被淘汰，连淘汰的时候他都不知道什么能够在市场上赚钱。

但是你要是跟一个老师学的话，就非常的明白，因为比如说一个老师他有自己的战绩，他肯定有一些经验直接分享给你，就像艾略特的波浪理论，这本书你去摸索这个三浪上涨，你用多少资金才能摸索出来？但是你看一本书几十块钱你就知道了，省了很多弯路，跟老师学也是这样的，你看N多本书，用资金去演练，不如听老师一句话，可以让你少走很多弯路，少亏很多不必要的钱。所以我建议，如果有能力或者条件允许的话，还是让一个老手去带你，因为期货技术就像一张窗户纸，如果没有人给你点破，你自己去摸索，可能被淘汰了还不知道期货交易的真谛，但老师一句话点破基本就豁然开朗了。

有很多学员就是这样，自己摸索着学了多年，之后又回来学习，被老师几句话点破豁然开朗，这就是职业和业余的不同点。我举个最简单的例子，就像厨师一样，咱们的父母可能做饭做了几十年，但是都比不上到厨师学校学了半年的学员，他做的菜就比父母做的色香味俱全，这就是专业和业余的不同点，所以我们做期货一定要做专业一点，不要用业余的思维去做专业的东西，那你肯定被淘汰的。

和讯网：而且别人越来越专业，但你还留在起跑线，就会很可怕，就等待被收割。

白云龙： 对。

和讯网：白老师我知道您是十几家期货公司和私募公司的特聘顾问讲师，也是我们和讯网的特聘讲师，从您的经验来看，中国的期货投资者身上有哪些特别明显的弱点？

白云龙： 第一点，风险把控不好，不知道风险。我就举个简单的例子，为什么中国期货在10:15到10:30中间有15分钟休息时间，在全世界就中国有，为什么？这15分钟叫做冷静期，因为期货市场进入中国就短短几十年，不像国外有着上百年历史，甚至几百年历史，外国投资者的投资理念非常的成熟，风险意识比较强，进入这个行业他会用心地学习一年两年，觉得自己行了才去做。但是期货进入中国的历史比较短，而且很多投资者被那些期货神话蒙蔽了，觉得期货可以暴富，这种投资者是非常多的，所以盲目地进来想一夜暴富，满仓操作，一万明天就变成两万，最终导致这一万块钱都拿不回去，这是国内期货投资者第一点比较欠缺的，比较盲目，不知道风险。

第二点，不能扎下心去学，因为你不去学，就会被这个市场淘汰，因为期货行业是精英行业，100 个期货投资者可能就一两个适合做操盘手，为什么？这个行业对技术要求非常高，你浑水摸鱼在这个市场上是摸不过去的，所以说投资者欠缺的是学习的态度。一个风险，一个学习态度，国内的投资者是非常欠缺的。如果你想在这个市场上有所作为，第一，你要知道它的风险性，量力而行，你不要就 1 万元钱，再贷款 9 万元钱，用这 10 万元炒期货，我建议你有 100 万元拿 10 万元去做，反而后者会做得更好。第二，对技术一定要好好学习，有能力的找专业的老师学，没能力的多买几本书，让老师点拨一下或者自己学习一下，会比盲目地靠运气去做好很多，守株待兔兔子不会天天撞在树上，运气不代表永远。

和讯网：我们有这么多弱点的投资者，交易中应该注意哪些问题？

白云龙：首先交易不要太频繁，因为你还不会做的时候，你要学会省，不会赚钱的时候，只能省一点，做期货也是，不会做的时候，你先减少交易，多看，少动，这是关键的，还有一点，你要想在这个市场上生存，就尽量地经常去留意这个行情，哪怕你不做，你说我不做还看它干吗，不是的，你一定要在这个市场上活，跟这个市场同呼吸，才能做好期货，这是我们投资者需要加强的东西。

和讯网：白老师，您目前的团队是主观交易为主还是程序化为主？

白云龙：程序化是这几年才火起来的，因为我们开始做的时候，包括 2000 年开始做，根本没有程序化这一说，一个公式的编写都很难，而且这方面专业的人士并不多，以前我们开始做都是主观交易，当然主观交易非常累，白天盯中国的行情，晚上还要看看外盘，因为那时候没有夜盘。慢慢地，2010 年以后，量化和程序化比较成熟了，这个时候我们加了一些程序化在里面。就是主观加程序化，会解放一部分工作量，我们眼睛只有两只，界面只有一个，只能看两三个品种，其他品种有机会的话，我们可以通过程序化提示我们。当然程序化也有它的弊端，主观和量化两个优势合在一起会把我们的技术发挥到极致。

和讯网：想进入投资市场，有一个很专业的团队还是非常重要的。

白云龙：对。

和讯网：进入期货市场能有一个很适合自己点明前路的老师也是非常重要的，能起到四两拨千斤的作用，我们也非常期待智航投资能够在 2018 年取得非常好的成绩，也非常感谢白老师能在和讯网的期货高手访谈录里，给我们分享了很多真功夫，白老师也和网友再最后交流几句。

白云龙：很感谢和讯网能够邀请我参加这次高手访谈录，在这里我只跟大家说一下，做期货还是有风险的，要量力而行，而且你要做好期货，一定要在万事俱备的时候进场，而不能盲盲目目的，因为毕竟每个人赚钱都不容易，你把钱无缘无故地扔给市场，还不如花心思努力去补习自己的一些基础的技术知识为好，所以建议大家学好再进场。

和讯网：好的，感谢白老师，也感谢屏幕前的各位网友，我们下期期货高手访谈节目再见。

白云龙：大家再见。

后 记

其实期货交易就是跟随趋势来交易，切记是跟随，可能我们进场的时候行情已经走了一段，我们不要经常懊恼没有在第一时间进场，没有抓到百分之百的盈利空间。每笔交易我们不吃鱼头也不吃鱼尾，吃到鱼身的一段就可以了。而讲到趋势反转分析方法，仅仅是教你看待趋势转变的方法，同时你也要用其他技术分析方法去验证趋势反转的真实性，符合的越多那么趋势反转的可能性就越高。

更重要的是，要建立适合自己的一套交易系统体系，有了适合自己的交易系统体系，剩下的就是严格地执行交易纪律。在我看来，期货市场技术分析与交易策略相结合，再加上超强的执行力，才能真正地做到稳定盈利。

交易实际是一种艺术，即技术是根、策略是本，需要形成自己系统性的东西，通过系统的认识和总结，找到自身的问题和行情走势的特点，伺机而动。在交易中出现亏损是正常的，关键是我们能否让亏损在自己限定的范围内。在交易上要认识自我，在学习上也同样要认识自我。期货技术书籍浩如烟海，而我们的时间是有限的，不可能读尽所有的期货技术书籍，能够做的就是选自己认为最好的，借助作者的智慧，站在巨人的肩膀上，实现自己理念和技法上的跨越。

我们没有超人的智慧，也不一定马上就会有超人的跨越，只有脚踏实地走自己的道路，努力地学习，刻苦地钻研，认真地总结，积极地训练，日积月累建立起自己的盈利模式和操作准则，相信能够正确认识自我之日，就是开始走向成功之时。大家一起努力共勉，同道共同加油，用心去做期货，用感恩的心去做人！

常言说：“不想做将军的士兵不是好士兵”，期货市场里也是一样，很多投资者也都想通过努力成为职业操盘手。希望广大期货投资者通过自己的努力学习能够在期货市场中有所作为，太多的优秀期货投资者通过我们“广州智航”这个平台走向了职业操盘手的工作岗位，希望下一个加入我们团队的就是你。

也非常希望广大读者能提出一些宝贵的建议或需求，比如需要学习哪些期货实战技术，需要以后笔者的著作添加哪些方面的知识等都可以与笔者联系，进行交流。